家长必读

于素梅　司亚莉　谷长伟　等　编著

幼儿家庭体育锻炼

教育科学出版社
·北京·

出 版 人　郑豪杰
责任编辑　刘　婧
版式设计　思瑞博　王　辉
责任校对　马明辉
责任印制　李孟晓

图书在版编目（CIP）数据

家长必读：幼儿家庭体育锻炼 / 于素梅等编著. —北京：教育科学出版社，2023.5
（"家庭锻炼 精准指导"丛书）
ISBN 978-7-5191-3365-8

Ⅰ. ①家…　Ⅱ. ①于…　Ⅲ. ①体育课—学前教育—教学参考资料　Ⅳ. ①G613.7

中国国家版本馆CIP数据核字（2023）第008919号

家长必读：幼儿家庭体育锻炼
JIAZHANG BIDU: YOU'ER JIATING TIYU DUANLIAN

出版发行	教育科学出版社		
社　　址	北京・朝阳区安慧北里安园甲9号	邮　　编	100101
总编室电话	010-64981290	编辑部电话	010-64989190
出版部电话	010-64989487	市场部电话	010-64989009
传　　真	010-64891796	网　　址	http://www.esph.com.cn
经　　销	各地新华书店		
制　　作	北京思瑞博企业策划有限公司		
印　　刷	北京市大天乐投资管理有限公司		
开　　本	787毫米×1092毫米　1/16	版　　次	2023年5月第1版
印　　张	9.5	印　　次	2023年5月第1次印刷
定　　价	39.00元		

《家长必读：幼儿家庭体育锻炼》
编 委 会

主　　编： 于素梅　司亚莉　谷长伟

副 主 编： 张纪胜　宋晓露　李亚琼　沈国友

编　　委：（按姓氏笔画排序）

马哲峰　王　驰　王凯丽　王晓鸿　冯永建　闫明烁
祁　静　李亚辉　李振华　何小芳　张　帆　陈　冲
孟子平　秦紫瑞　贾宝童　黄晓强

绘图统筹： 李梦婷

绘图人员：（按姓氏笔画排序）

王玉丹　仰　珺　李　一　李梦婷　李露露　吴云侠
张　倩　张佳佳　郑白玲　贾华杰　程思思

序

家庭，一个温馨和谐的体育场

家庭，是每个儿童身心健康成长的出发点，是他们思想心灵启蒙的第一座知识殿堂，是他们成为有修养、有文明之人的训练营。很多家长可能还没有意识到，家庭还应是儿童锻炼身体、接受体育指导的第一个训练场。

许多家长有个误解，认为孩子的身体养育与保护是家庭的责任，而教育和锻炼则是学校的工作。这些家长认为孩子们是否吃好、穿好、住好、玩好是家庭的责任，如果这些事情没有做好，他们就会深感自责，但如果孩子们没有获得应该具有的运动技能，他们的身体没有得到很好的锻炼，这些家长好像就不那么愧疚，甚至能心平气和地接受。在此错误的家庭体育观念下，许多家庭缺失了体育，缺失了锤炼，缺失了矫正，于是出现了与上述缺失有着内在关联的“胖孩子”“弯孩子”“弱孩子”“娇孩子”“笨孩子”“慢孩子”“晕孩子”“软孩子”，甚至是“熊孩子”。这些缺失会使孩子们失去家庭体育欢乐场，失去体育锻炼的重要课堂，会延迟甚至错过身体发展敏感期与技能提高窗口期。

新冠疫情肆虐与“双减”政策实施，从不同的侧面对中国的家庭体育锻炼开展提出了现实的要求，产生了巨大的推动力，使得家庭体育受到了全社会的重视，家庭体育锻炼成为国民居家防疫与健康生活的重要内容。自中共中央办公厅、国务院办公厅颁布了《关于进一步减轻义务教育阶段学生作业负担和校外培训负担的意见》（以下简称《意见》）以后，“双减”工作正遵循着学生为本、回应关切、依法治理、标本兼治、政府主导、多方联动、统筹推进、稳步实施的原则和策略有条不紊地向前推进。在“谁来教育好中国的孩子”“新时代应该培养什么样的青少年”等问题之下，“双减”成为促进素质教育的重大课题。“双减”不单单是学校的问题，也不仅仅是教育的问题，而是全社会都必须努力做好的全局性工作，是家校共育的工作。“双减”的直接目标是构建良好教育生态以缓解家长的焦虑。《意见》明确指出：提高课后服务质量，开展丰富多彩的科普、文体、艺术、劳动、阅读、兴趣小组及社团活动。这对开展课外校外体育活动提出了新的要求。“双减”之后，一定会有“双增”的到来，而家庭体育就是这个“双增”的重要组成部分。在“双减”形势下，家庭体育的意义是把综合素养还给孩子们，把快乐时间还给孩子们，把身心健康还给孩子们，把育人责任还给学校与家庭，把教学质量责任还给教师和家长，把安心和舒心还给家长和社会，把健康发展的儿童还给祖国。

当然，家庭体育的科学开展会面临许多困难，再加上人们对家庭体育认识也存在不少偏差，这在很大程度上影响着家庭体育开展的科学性和有效性。家庭体育有着丰富的教育功能，它有利于孩子身心健康，有利于家长身心健康，有利于亲子感情交流，有利于家庭和谐，有利于全民健康，有利于体育强国。于素梅研究员带领的“体育课程一体化”团队对体育锻炼做了大量深入的研究，他们编著的“家庭锻炼　精准指导”丛书能为家庭亲子体育锻炼提供有效的指导，相信这套丛书一定能帮助家长和孩子们迈进那充满挑战、活力、辛苦、汗水、喜悦的家庭体育殿堂。

是为序。再次祝贺于素梅等老师为促进家庭体育科学化编著的新书出版。

北京师范大学教授、博士生导师

毛振明

2022 年 9 月 15 日于国奥乡邻雅居

前言

教育家蔡元培先生曾说："家庭者，人生最初之学校也。"卢梭在其名著《爱弥儿》中说道："什么是最好的教育？最好的教育就是无所作为的教育：学生看不到教育的发生，却实实在在地影响着他们的心灵，帮助他们发挥了潜能，这才是天底下最好的教育。"家庭是孩子成长的第一课堂，家庭体育正如"无所作为的教育"，潜移默化地在孩子心中植入运动情结。新修订的《中华人民共和国体育法》和新颁布的《中华人民共和国家庭教育促进法》更是从法律层面凸显了家庭体育在促进未成年人健康成长中的责任和独特的育人价值。

良好的家庭体育氛围，正确的家庭锻炼方式，不仅可以提升孩子的运动能力，帮助孩子养成锻炼习惯，还可以在开放、轻松、包容的场景中磨炼孩子的意志品质，促进亲子关系和谐发展。如何推动和指导孩子们开展科学有效的家庭体育锻炼，应该秉持什么样的科学锻炼理念和方法，已成为困扰众多家庭并亟须解决的重要问题。兼具科学精准性和实用可行性的家庭体育锻炼，亟待专业的指导和引领。为此，"体育课程一体化"团队在多年体育理论研究和实践经验的基础上，结合新时代家庭体育锻炼的实际，撰写了这套"家庭锻炼　精准指导"丛书。

本套丛书按孩子年龄段分为幼儿、小学生、初中生三个分册，分别是：《家长必读：幼儿家庭体育锻炼》《孩子必会：小学生家庭体育锻炼》和《中考必备：初中生家庭体育锻炼》。各册的编写遵循各个年龄阶段孩子的生长发育规律、动作发展规律和认知发展规律，立足于家庭体育锻炼实践需求，秉承系统全面、科学精准、生动直观等设计理念。"系统全面"是指，丛书贯穿幼儿园、小学和初中三个阶段，包含理论篇和实践篇，系统确定了各阶段家庭体育锻炼的目标和内容，全面展示了各阶段家庭体育锻炼的思路和实操步骤；“科学精准”是指，从热身、锻炼到整理放松等各环节，从初级、中级到高级等各层次，从基础体能锻炼、专项技能锻炼到中考体育强化锻炼等各类型，丛书提供了有针对性的家庭体育锻炼案例及方法，打造了一套高质量家庭锻炼的指南；“生动直观”是指，丛书采用条目清晰、图文并茂、简洁清新的设计方式，直观形象地向家长和孩子们呈现家庭体育锻炼的内容和方法，更有利于家长和孩子们有效、直观地把握锻炼内容并准确实施。

参与撰写本套书稿的有 20 余名理论专家、200 余名一线体育教师及 30 余个省（区、市）名师工作室。他们的全力付出，使得本套丛书既有理论高度又有实践基础。真心希望本套丛书的出版能够使“科学健身、精准健身”理念走进每个家庭，让科学精准的家庭体育锻炼融入家庭生活，让家长和孩子们感受到体育锻炼的快乐和魅力，真正成为终身体育的践行者，为其健康幸福的人生奠定基础。

中国教育科学研究院研究员、博士生导师

于素梅

2022 年 8 月 16 日

目录

第一部分 体育为孩子的成长保驾护航

第1章　孩子成长中体育能做什么 / 3

一　促进孩子身体健康 / 4
二　提高孩子智力发育 / 4
三　提升孩子认知水平 / 5
四　优化孩子个性发展 / 6
五　启蒙孩子终身体育 / 7

第2章　孩子从小究竟该锻炼什么 / 9

一　幼儿体育锻炼的内容 / 10
二　幼儿体育锻炼的分类 / 11

第3章　亲子锻炼中家长注意什么 / 13

一　运动前的全面准备事项 / 14
二　运动中的安全保育事项 / 16
三　运动后的恢复调整事项 / 17

第二部分
幼儿家庭体育锻炼精准指导

第4章　幼儿家庭体育锻炼：热身部分 / 21

一　颈部拉伸 / 22

二　泳式上肢绕环 / 22

三　提　踵 / 23

四　俯身交替摸脚尖 / 24

五　原地躯干绕环 / 24

六　原地蹲起 / 25

第5章　幼儿家庭体育锻炼：主体部分 / 27

第一节　体能锻炼

一　幼儿体能评估 / 28

二　幼儿体能锻炼 / 33

第二节　基本动作学练

一　行走类体育游戏 / 50

二　奔跑类体育游戏 / 59

三　跳跃类体育游戏 / 64

四　投掷类体育游戏 / 71

五　钻爬类体育游戏 / 76

六　攀登类体育游戏 / 82

七　悬垂和支撑类体育游戏 / 84

八　球类体育游戏 / 88

九　综合类体育游戏 / 99

第三节　感觉统合训练

一　触觉功能训练 / 106

二　本体感觉功能训练 / 113

三　前庭功能训练 / 121

四　精细动作训练 / 129

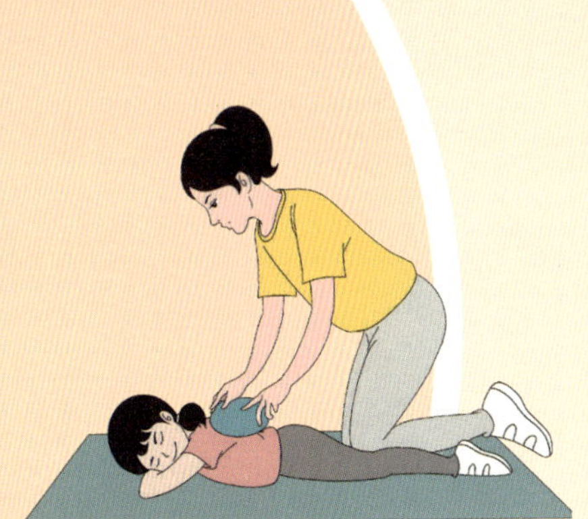

第6章　幼儿家庭体育锻炼：整理放松部分 / 137

第一部分

体育为孩子的成长保驾护航

第 1 章　孩子成长中体育能做什么

第 2 章　孩子从小究竟该锻炼什么

第 3 章　亲子锻炼中家长注意什么

随着社会发展，幼儿的身体活动、锻炼时间、锻炼机会因生活环境和方式的改变而越来越少，幼儿肥胖、近视、脊柱形态不好等健康问题面临严峻的形势。3 ~ 6 岁是孩子身心发育最迅速的阶段，也是培养良好生活方式的起始阶段。幼儿时期个体拥有良好的健康水平和健康行为，可为其成年后保持良好的身心健康状况，养成积极参加运动锻炼的行为习惯打下基础。近年来幼儿体育在社会、幼儿园较为盛行，但与家庭的联动较弱。虽然幼儿园是幼儿体育教育的主战场，但是家庭应是提升幼儿体质健康水平，建立幼儿体育运动能力最有力的保障。

家庭教育是教育的重要组成部分，历来受到教育部门的重视。2015 年，教育部印发的《关于加强家庭教育工作的指导意见》中指出：各地教育部门和中小学幼儿园要从落实中央“四个全面”战略布局的高度，不断加强家庭教育工作，进一步明确家长在家庭教育中的主体责任，充分发挥学校在家庭教育中的重要作用，加快形成家庭教育社会支持网络，推动家庭、学校、社会密切配合，共同培养德智体美劳全面发展的社会主义建设者和接班人。2017 年，教育部在《关于深化教育体制机制改革的意见》中也明确提出，要加强学校教育、家庭教育、社会教育的有机结合。2020 年 11 月，《中共中央关于制定国民经济和社会发展第十四个五年规划和二〇三五年远景目标的建议》在建设高质量教育体系部分，“健全学校家庭社会协同育人机制”被重视。2020 年 12 月，教育部前部长陈宝生指出要健全学校家庭社会协同的育人体系，提升汇聚全社会合力的广度。因此，要充分发挥家庭教育对幼儿体育的作用。

第1章

孩子成长中 体育能做什么

体育中所蕴含着的智慧、激情、情感、超越、公平、竞争、自由、拼搏等，是孩子成长过程中不可或缺的部分。体育不仅能够开发幼儿的运动天赋，而且能够促进幼儿身心和谐发展。

一 促进孩子身体健康

幼儿时期是孩子生长发育的重要阶段，也是他们行为和生活方式形成的关键时期。体育活动是实现生命周期保持健康状态的重要途径。幼儿期肥胖一旦发生，会对幼儿当前的身体发育造成严重影响。进入青春期后，肥胖不仅会影响孩子的发育，危害呼吸系统及骨骼，对其心理、行为、认知及智力产生不良影响，还将增加成年后相关慢性病的发病风险。体育活动对幼儿身体健康具有促进作用。首先，长时间系统性的体育活动对提高幼儿心肺适应能力会起到积极的作用。研究显示动作发展较好、运动能力较强的孩子具有良好的心肺适应能力，他们进入成年期后应付长时间身体活动的能力更强，而且患各种心血管疾病的概率会大幅降低。其次，体育活动对幼儿骨骼、肌肉发育具有促进作用，可以促进骨骼发育，提升肌肉质量。幼儿应具有充足的睡眠和营养的饮食，在此基础上合理利用各种外界环境因素，如日光、空气、水等进行体育活动，增强抵抗力减少疾病，增强体质促进身体发育。

二 提高孩子智力发育

有关身心发展的研究，医学、教育学、心理学等各个领域都取得不少成果，尤其脑科学在近年来得到很大的发展。相关脑科学研究指出，脑的发展和个人能力的形成主要取决于基因（生物因素）和环境（早期经验）。婴幼儿在生命发育最初的1000天是提供科学养育干预最敏感时期。例如基本动作、营养等干预，这些都有助于使个人的智力开发潜能具备更高的基础水平。研究还发现，熟练程度不同的动作发展对应不同的脑功能及活动模式，动作的丰富与发展可以引起脑的重塑，使脑在结构与功能上优化。适量、多样化且循序渐进的体育活动能够提升幼儿大脑的功效，促进幼儿智力发育。

1. 神经系统的改变

幼儿神经系统可塑性较强，体育活动中每一个身体活动都是一个刺激信号。体育活动中动作的重复，会不断地促进大脑的结构与功能的完善，促进幼儿神经系统全面的发展。

2. 注意力的集中

幼儿与外界客观环境中各种的信息建立联系时必须通过注意才能完成。游戏时幼儿沉浸到游戏情境中，专注于游戏过程，为活动提供能量。注意力的提升有助于幼儿智力的发育。

3. 思维的敏捷

思维是人的大脑借助于语言对外界事物概括的过程。幼儿在活动身体的同时，大脑也在快速地运转，这些都有思维的参与。体育活动过程中动作的灵活、反应的迅速，不仅需要逻辑思维，还需要运动思维。有规律的科学的体育活动，对幼儿思维的开发有重要的作用。

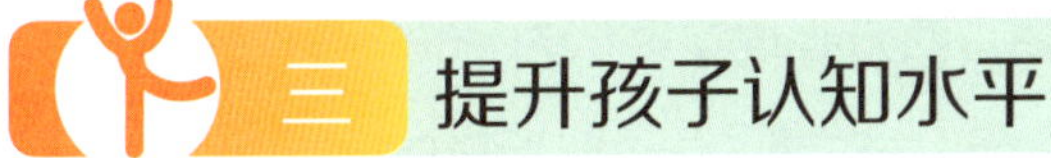

三　提升孩子认知水平

孩子的认知水平，即在外界环境中，孩子对外界环境信息的加工、储存和提取的能力，也是孩子能够成功地完成各种活动最重要的心理条件，包括感知觉、想象、记忆等能力。

1. 深化感知觉能力

感知觉对幼儿来说非常重要，它是幼儿认识外部环境最主要的手段，同时也是幼儿发展高级认知活动的基础。幼儿的体育活动通常是在某种情境中幼儿通过触觉、视觉、听觉进行观察、模仿、思考，来不断强化感知过程，加强神经系统的传导能力和大脑的休整调节功能，从而提高幼儿的智力水平。

2. 丰富想象力

情境式的体育活动更能吸引孩子参与。幼儿利用想象的情境自由地开展自己喜欢的活动，不断地发挥创造力来创设情境、布置场地，并发挥自己的想象力和思维能力解决遇到的问题。体育活动中肢体动作的形象化，如小兔子跳、蜘蛛爬、小虫爬、螃蟹爬等，能带给幼儿丰富的想象。因此，情境化的体育活动对丰富和发展幼儿的想象力具有很大的帮助。

3. 提升记忆力

体育活动能够改善神经过程的灵活性，提高大脑的记忆能力。经常参加体育活动，不仅可以促进神经系统的发育，还可以平衡大脑皮层兴奋性和抑制能力。

四 优化孩子个性发展

幼儿期是孩子个性开始形成的关键期。西方心理学家认为：个性的基本结构是在 6 岁前形成的，实际上学前期是个性开始形成时期，这个时期形成了最初的关联关系。而良好的个性是新世纪人才必备的素质。

体育活动在优化孩子个性发展方面具有重要作用。首先是个性倾向性。在体育活动中，家长或老师可以了解到孩子的兴趣、动机、信念等心理活动，从而了解到孩子对待事物以及外界环境的态度。不同的体育活动具有不同的难度和挑战，家长或老师可以借助这些活动对孩子提出建议和要求，正向地引导孩子的独立性。在活动过程中，孩子也逐步形成了有目标、有行动、有稳定倾向性的心理特征。其次是个性心理特征。在幼儿阶段，孩子的抽象逻辑思维刚刚萌发，辨别是非和遵守规则等意识较差。在体育活动中，孩子不仅要约束自己的行为，还要按集体要求调节自己的行为，学习自我控制。孩子要遵守体育活动中的规则，并不断地将其转化成自己的行为。为优化孩子个性发展，家长应积极参与到活动中去，鼓励孩子的同时也亲身参与，同孩子一起体验，正确引导孩子提高认识、判断和分析等能力；家长还应引导孩子如何应对失败与成功。在体育活动中，培养孩子积极向上、活泼开朗、认知独立、阳光勇敢的优秀品质。

五　启蒙孩子终身体育

幼年时期的体育活动状况对建立终身的健康行为习惯有重要的影响。相关研究表明，个体具备良好的动作发展，尤其是精细动作和粗大动作的发展，可以增加幼儿阶段和儿童青少年阶段的体力活动水平。动作发展较差的儿童，会出现身体活跃程度较低的现象，儿童期的动作发展水平越高越容易为建立积极参与运动的生活方式奠定基础。早期动作技能发展既有助于儿童保持体力活动量和保持健康体重，又可以促进个人形成积极活跃的生活方式，并长期保持积极参与体力活动的意识和良好的动作发展水平。有学者曾对幼儿进行长达 11 年的追踪研究，开始时幼儿的平均年龄为 4.8 岁。研究结果表明，加强幼儿阶段的动作发展教育可以促进儿童早期拥有良好的体适能水平。

体育是教育的重要组成部分。孩子在体育活动中不仅能够享受乐趣、培养兴趣、增强体质，同时多元化的学习模式使得孩子能够全面发展。因此鼓励孩子参加体育活动非常重要，它不仅能促进孩子动作发展，提升孩子运动能力，还能培养孩子终身体育意识。

第2章

孩子从小究竟 该锻炼什么

对“幼儿时期应该锻炼什么?”早在20世纪初期我国著名的学前教育家陈鹤琴就曾说过：孩子是生来好动的，是以游戏为生命的。在法国幼儿体育活动内容包括:（1）全身运动技能类：走、奔跑、跳跃、爬行、攀登、投掷、运载、保持平衡;（2）运动协调活动类：敏捷游戏、速度游戏、对抗游戏、舞蹈及伴有歌唱的圆舞;（3）人体表现活动类：简易表演全部动作。俄罗斯学前教育主要是通过游戏和各种活动来促进幼儿体力、智力、道德、艺术能力的发展。纵观世界各国幼儿运动方面的学习标准，我们发现其共同聚焦在基本运动能力上。幼儿时期是孩子基本运动能力发展的关键期，同时也是终身运动的启蒙期。

基本运动能力是人类动作发展的基础。在幼儿时期缺乏基本运动能力的发展，不仅影响孩子运动技能的掌握和发展，还阻碍孩子运动能力的形成。近年来我国幼儿体育活动也不断地被加以规范，2012 年发布的《3—6 岁儿童学习与发展指南》(以下简称《指南》)，把动作发展归为幼儿健康领域的重点内容，并把幼儿分为 3 ~ 4 岁、4 ~ 5 岁、5 ~ 6 岁三个不同年龄段。3 ~ 6 岁是身体发育和机能发展极快的阶段。此时动作发展也是语言、社会、科学、艺术等领域学习和发展的前提。《指南》在动作发展模块中指出：应通过形式多样、丰富有趣、符合幼儿身心发展特点的活动方式发展幼儿走、跑、跳、攀、爬等基本动作技能，同时也要注重幼儿手部灵活性和协调性的发展。通过游戏互动行为和多样化环境感受体验，创设适合幼儿感觉、认知、初级基本动作发展和生长发育的适宜条件，并在幼儿充足的营养和安全的成长环境情况下达到体育活动目的。

一 幼儿体育锻炼的内容

首先，幼儿时期是孩子基本动作技能的初级发展阶段。以有氧锻炼活动和游戏方式进行基本动作技能的锻炼，其内容包含：①基础非位移技能，如伸展身体、屈体等；②基础位移技能，如慢跑、连续跳等；③基础控制物体技能，如投、抛、拍、踢、滚动等。

其次，幼儿时期的感知能力正处于完善阶段，孩子感觉统合的完善尤为重要：将感觉与动作控制联系起来，掌控姿势和发展身体双侧意识。在家长的引导或与玩伴的互动游戏中，开展幼儿神经系统支配和控制粗大动作的感觉统合游戏和练习内容，初步结合多样化眼手协调动作、眼脚协调精细动作游戏，粗大和精细动作体验，促进幼儿体智能、初期动作学习与控制能力的发展。

最后，身体素质是所有活动的基础。孩子的动作发展需要力量、平衡、灵敏、协调等身体素质做铺垫，并且幼儿时期孩子的协调能力、快速反应能力、快速变向能力以及动觉分化能力都在快速发展。在家庭活动中营造快乐的环境，有助于幼儿情感的健康和动作自信。

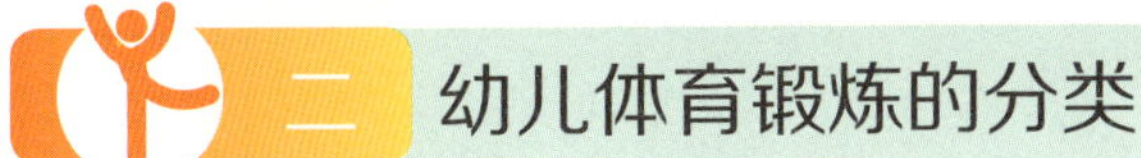

二　幼儿体育锻炼的分类

家庭亲子体育锻炼，是指父母与孩子之间以满足家庭成员身心健康发展为目的，以体育运动或体育游戏为主要内容的活动。这是亲子之间交往的重要形式。家庭体育锻炼是全民健身运动重要组成部分，也是促进家庭与社会和谐发展的重要手段。幼儿家庭体育锻炼有很多的分类方式，为了家长认知方便及可操作性，本书将其分为体能锻炼、基本动作学练和感觉统合训练。基本动作学练又分为基本动作类体育游戏、球类体育游戏和综合类体育游戏。

1. 体能锻炼

体能是各项活动的基础，更是孩子全面发展的基础。结合幼儿身心发展规律设计的适宜家庭的锻炼方法，主要通过各项体能游戏活动，让幼儿在家长的陪伴下发展动作，提高力量、平衡、敏捷、协调等身体素质。幼儿经常参加各项体能活动，不仅能使上肢、下肢、躯干等肌肉的力量逐渐增强，并随着锻炼持续时间的增加，还能使肌肉的耐力随之增加。同时，各项体能活动能使幼儿平衡、敏捷、协调等素质得到发展。

2. 基本动作学练

（1）基本动作类体育游戏

基本动作是指人类日常生活中经常用到的一些动作，是人的基本的活动。在幼儿家庭体育游戏中，基本动作类体育游戏主要涉及行走、奔跑、跳跃、投掷、钻爬以及攀登等动作。

（2）球类体育游戏

球类体育游戏通常是指由各类大球和小球组成的球形类运动游戏的总称。幼儿可以使用的球很多，诸如各种大小的橡皮球、塑料球、木制球、布球、气球、乒乓球、儿童保龄球等。利用这些球，幼儿可以进行滚、抛、拍、踢、击、吹、托、顶等各种形式的身体运动。其中滚球、抛接球、拍球等活动是最常见的幼儿球类游戏，也是幼儿非常喜欢的体育活动。

（3）综合类体育游戏

综合类体育游戏通常指在思维创新的基础上，结合幼儿的需求和兴趣，利用各种游戏材料对游戏活动内容及活动方式进行深入挖掘，通过综合的方法与手段进行肢体运动，促进幼儿身心健康发展的体育游戏。

3. 感觉统合训练

感觉统合能力是幼儿成长的基础。趣味性强的游戏、身体活动或相应的训练器材让幼儿感受外界各种刺激，锻炼幼儿感觉统合能力，加强大脑控制身体的能力，增加身体协调性，并且已有大量的多学科、多方面的研究得以证实。临床实践也证明了，感觉统合的改善有利于提升幼儿注意力、记忆力、推理能力、自我控制能力、人际交往能力和学习能力等。

第3章

亲子锻炼中

家长注意什么

进行亲子锻炼时，由于活动场地受限或四周环境的不确定性，所以家长要提前做一些准备。运动前、运动中、运动后不同阶段分别要注意不同的事项。

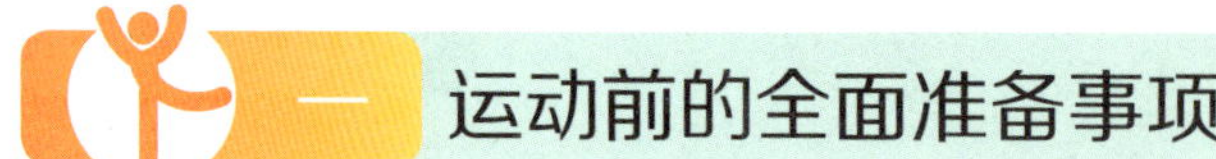

一 运动前的全面准备事项

1. 检查运动的场地、设施与幼儿的着装

家庭体育游戏运动场地分为室内与室外，室内家庭环境大多集中于客厅，场地空间较小。家长应在游戏前先关注运动场地地面是否平坦，器械是否清洁、牢固，游戏设施、器械是否已定期检修，周围环境是否存在有棱角或带尖的物品等不安全因素，从而避免发生意外。

检查幼儿的着装是否轻便、舒适，避免过多、过厚的衣服限制幼儿活动。幼儿不宜穿过硬、过厚的皮鞋，以免扭伤。幼儿的裤带、衣扣要系牢，口袋里不装硬物等。即便在室内，幼儿运动时最好穿着运动服，不要穿拖鞋和睡衣，这样不仅可以增加体育运动仪式感，也能避免因装备造成的动作失误或运动损伤。

2. 掌握适宜的活动时间

居家体育活动不可避免的问题就是运动产生的噪声。因此，室内体育游戏的开展要避开邻居们集中休息时间，不能太早或太晚，避免噪声引发邻里问题。家长要认识到运动噪声问题，从而建立自律意识和自律行为，同时对幼儿进行教育，让幼儿了解噪声的负面影响。

幼儿室外活动的最佳时间为上午 10 时左右和下午 3 时左右。研究表明，上午 10 时左右和下午 3 时左右是全天中空气较清洁的时间。上午 10 时左右，地面受阳光照射，温度升高，空气对流迅速，积聚在空气中的污染物稀释、扩散。午后 3 时左右，气温较高，风速快，有利于空气净化。所以这两个时间为幼儿最佳室外活动时间。

不建议幼儿在饭后和睡前进行运动。饭后运动会刺激肠胃，增加肠胃负担导致腹痛，影响身体健康；睡前的剧烈运动会导致幼儿难以入睡，影响第二天的精神状态。

3. 选择适合的天气

雾天不宜让幼儿外出活动。一是因为雾天空气湿度大，雾中不仅带有煤烟、粉尘、病菌等有害物质，而且氧气成分不高，幼儿易感到胸闷、心慌、气促、无力；二是因为雾天视物不清，易造成幼儿碰伤或跌伤。烈日当空时不宜让幼儿外出活动，这是因为幼儿在户外活动容易中暑。

4. 了解幼儿身体状况与情绪

开展体育游戏之前，家长应了解幼儿的身体状况，如体质差或者刚恢复健康的幼儿，在活动中要适当地减少其活动时间和运动强度，使活动更好地适应幼儿，让幼儿得到全面的、适宜的、协调的发展。同时，情绪也是影响锻炼质量的一个因素，家长在活动前还应调动幼儿的情绪，使幼儿乐于参与活动，提高幼儿的活动兴趣，达到主动锻炼的目的。

5. 制订必要的游戏规则

开展体育游戏之前，家长还应根据幼儿的年龄特点、运动能力以及游戏的内容，制订必要的游戏规则，教育幼儿认真遵守，并将其悬挂在醒目位置，避免出现不必要的运动损伤。

6. 带领做好运动热身活动

游戏前的准备活动，可使幼儿的身体由相对平静的状态逐渐过渡到活动状态。同时，可克服身体器官和组织的惰性，提高其活动能力和运动兴奋性，为接下来的游戏做好适应性准备。在热身活动中，家长最好带领幼儿将身体各部分充分而全面活动开。热身运动一般包括上举、下蹲、扩胸、体侧、体转、腹背、跳跃等基本运动，家长可根据体育游戏所涉及的内容以及基本动作的需要来设置热身活动。

二 运动中的安全保育事项

1. 了解幼儿的运动状况

家长在游戏中一般可采用观察法和脉搏法进行判断，根据幼儿的反应情况适时调整活动量。具体可采用如下步骤。

（1）观察：家长要随时观察幼儿在游戏中的脸色、出汗情况及动作表现。一般来说，活动量适宜时，幼儿面色红润，汗量不多，呼吸中速稍快，动作不失常态，情绪愉快，注意力集中。幼儿在游戏中的平均心率一般保持在 130 次 / 分钟左右。反之，若幼儿脸色苍白，汗量很多，出现一副很疲劳的样子，则表明活动量过大，应适当减少。

（2）触摸：家长需经常摸摸幼儿的额头、颈部，以观察其身体变化。

（3）询问：家长还需随时询问幼儿，并从幼儿实际出发，合理安排运动强度和密度，并能根据不同的季节调整幼儿体育活动的时间与内容。

2. 注意幼儿运动中运动量的比例安排

根据幼儿生理机能活动“上升—稳定—下降”的一般规律，家长应掌握运动量“由小到大逐渐上升，运动结束前又逐步减少”这一原则，以便在运动结束后的较短时间内，幼儿能很快恢复正常。运动量应遵守循序渐进原则，不可突然剧烈运动，因为耗氧量突然增加，易引起缺氧。家长还应注意在运动中要动与静、快与慢交替，使运动具有一定的节奏。

3. 锻炼与保育并重

加强幼儿活动时的护理，做到既能保护好孩子，又能使孩子得到充分的锻炼。家长在活动时可根据游戏项目给予指导，告诉幼儿注意事项，同时也要及时提醒幼儿擦汗。家长要在幼儿的视线中或者其身边，积极参与游戏，与幼儿平等的游戏，这不仅使幼儿具有安全感，能勇敢地克服困难，逐步得到锻炼，还能增进亲子关系。

三　运动后的恢复调整事项

1. 提醒幼儿少量饮水

在运动前、运动中、运动后家长都应提醒幼儿少量多次喝水，不可在运动后立即喝完一整瓶水。因为幼儿在运动后，全身各脏器血液流量大大增加，饮用大量水会给心脏造成很大的负担，长此下去会影响心脏的功能。

千万不可在运动后食用冷饮。因为幼儿运动后新陈代谢旺盛，各种脏器的毛细血管均处于扩张状态，血液循环较快。若幼儿此时马上食用大量的冷饮，会刺激各处的毛细血管，尤其是胃肠道的。一旦刺激发生，毛细血管立刻收缩，影响胃肠道的血液供应和消化液的分泌，时间一长必定会引起胃肠道的功能紊乱，出现腹泻、腹痛、食欲不振、消化不良等症状。

2. 引导幼儿平稳恢复

家长应增强幼儿运动后的保育意识。在运动后，家长要注意稳定幼儿的情绪，使幼儿由兴奋型转化成平和型。同时，家长要引导幼儿在活动后正确使用干毛巾将额头、身上的汗吸干，对出汗较多的幼儿，引导其更换衣物。

3. 不让幼儿马上洗澡

若幼儿在浑身是汗时马上去洗冷水澡，冷水刺激皮肤神经感受器，会使皮肤毛孔突然关闭，全身毛细血管包括肾脏毛细血管骤然收缩。这在临床上会产生畏寒、发热、口渴、尿少等症状。若毛细血管强烈收缩，更会引起血压升高，出现头晕、头痛、头胀、眼花、恶心呕吐等不良反应。若幼儿活动后立即去洗热水澡，则会刺激皮肤、肌肉毛细血管扩张，体内的血液会大量地流入到皮肤、肌肉中去，势必造成心脏、肝脏、脑等重要器官血流量减少，从而出现头昏、胸闷、眼花，甚至晕厥现象。

若幼儿经常性地运动后马上洗热水澡，久而久之就会出现长期的、慢性的、难治的头昏、头痛等病症。活动后，家长可先擦干幼儿身上的汗，待脉搏恢复到活动前的状态，再洗。

第二部分

幼儿家庭体育锻炼精准指导

第 4 章　幼儿家庭体育锻炼：热身部分
第 5 章　幼儿家庭体育锻炼：主体部分
第 6 章　幼儿家庭体育锻炼：整理放松部分

第4章

幼儿家庭体育锻炼：

热身部分

热身运动是指在主要活动之前，用较低的运动强度、较小的活动量进行肢体活动，以使身体由平衡状态进入激活状态的过程。热身运动可以使孩子做好心理准备，调整好状态，集中注意力。充分的热身能够预防损伤，提升运动表现。热身运动最好活动全身，也可以根据活动内容进行局部活动。本节设计了方便家庭使用的热身活动，家长需引领孩子一起参与。

一 颈部拉伸

【锻炼目的】预热颈部肌肉，避免造成颈部损伤。

【锻炼方法】1 准备动作：家长和孩子面对面站立，均两腿自然开立，与肩同宽，脚尖朝前，膝关节微屈。

2 颈部依次做前屈，后伸，向左、向右拉伸，同时保持身体躯干的稳定。（见图）

【锻炼频次】每组 8 ~ 12 次，3 ~ 4 组。

【场地器材】室内或室外。

【风险防范】动作速度不宜过快，幅度不宜过大。

【建议年龄】3 ~ 6 岁。

二 泳式上肢绕环

【锻炼目的】预热肩部肌肉和上肢带肌，避免造成肌肉拉伤。

【锻炼方法】1 准备动作：家长和孩子面对面自然站立，均双手合十，脚尖朝前，膝关节微屈。（见图 1）

2 双手向上伸直，垂直于地面，掌心向前，肩关节随双臂由前向后做环绕运动，同时保持身体的稳定。（见图 2）

【锻炼频次】每组 8 ~ 12 次，3 ~ 4 组。

【场地器材】室内或室外。

【风险防范】动作速度不宜过快，幅度不宜过大。

【建议年龄】3 ~ 6 岁。

图 1　图 2

三　提　踵

【锻炼目的】激活小腿肌群，避免造成腿部损伤。

【锻炼方法】1 准备动作：两脚并拢自然站立，脚尖朝前，膝关节微屈，双手自然打开平行于地面，肘关节不要过度伸直。

2 呼气提踵向上，吸气脚跟向下。抬起后脚跟控制 1 ~ 2 秒再下落还原。（见图）

【锻炼频次】每组 8 ~ 12 次，3 ~ 4 组。

【场地器材】室内或室外。

【风险防范】踝关节用力，保持身体稳定。

【建议年龄】3 ~ 6 岁。

四 俯身交替摸脚尖

【锻炼目的】激活躯干肌群，避免造成躯干肌肉损伤。

【锻炼方法】1 准备动作：家长与孩子面对面，均两腿自然开立，与肩同宽，双手侧平举，脚尖朝前，膝关节微屈。

2 俯身平行于地面，上半身朝左前方转体，右手摸左脚，左手向上伸直。双手交替进行。(见图)

【锻炼频次】每组 8 ~ 10 次，3 ~ 4 组。

【场地器材】室内或室外。

【风险防范】转动时主要以胸廓转动为主。

【建议年龄】3 ~ 6 岁。

五 原地躯干绕环

【锻炼目的】激活躯干肌群，避免造成躯干肌肉损伤。

【锻炼方法】1 准备动作：两腿自然开立，与肩同宽，脚尖朝前，膝关节微屈，双手叉腰。

2 腰部带动躯干做环转运动。(见图)

【锻炼频次】每组 8 ~ 10 次，3 ~ 4 组。

【场地器材】室内或室外。

【风险防范】转动时主要以腰部转动为主。

【建议年龄】3 ~ 6 岁。

六　原地蹲起

【锻炼目的】激活下肢肌群，避免造成下肢肌肉损伤。

【锻炼方法】1 准备动作：两腿自然开立，与肩同宽，脚尖朝前，膝关节微屈，双手叉腰。（见图 1）

2 自然屈膝下蹲，后背挺直，双手扶膝，还原直立叉腰动作。吸气向上、呼气向下，保持身体的稳定。（见图 2）

【锻炼频次】每组 6 ~ 8 次，3 ~ 4 组。

【场地器材】室内或室外。

【风险防范】保持身体的稳定性，避免腰部损伤。

【建议年龄】3 ~ 6 岁。

图 1

图 2

第 5 章

幼儿家庭体育锻炼：主体部分

本章主要分为三部分内容，分别为体能锻炼、基本动作学练和感觉统合训练。热身活动后家长可以根据孩子的兴趣和状况选择主体部分内容，通过游戏的形式，提升孩子的身体素质、基本动作技能、感觉统合能力以及注意力，激发孩子自身的潜能，全面提高综合素质。

第一节

体能锻炼

根据幼儿年龄和身体素质状况，体能锻炼分为三个等级：初级锻炼、中级锻炼、高级锻炼。活动内容主要以发展幼儿的力量、平衡、协调、灵敏和柔韧等身体素质为主，根据幼儿身心发展规律，结合游戏的形式而设计。

一 幼儿体能评估

幼儿的运动应符合其身心发育特点，且以发展基本动作技能为主要目标。家长可以通过我们提供的问卷和客观测评，对幼儿所处的生长发育状态，及所具备的基本动作技能水平进行监测评估，并以此为据选择合适的运动方案。

3 ~ 6 岁幼儿家庭体育锻炼自我评估项目

评估方式：主观健康问卷（家长代填 6 项）、粗大动作技能评估（3 项）;

评估结果：高运动风险（<9 分）、中运动风险（9 ~ 13 分）、低运动风险（>13 分）;

评分标准：采用积分制，每一项提供 3 个分值，分别为 2 分、1 分、0 分；3 ~ 6 岁满分为 18 分；

评分说明：如有任何一单项得分为 0 分，家长都应该慎重开展接下来的运动，并进一步咨询医生与运动专家。本评估在于快速有效地识别孩子的运动能力，并对个体可能存在的运动风险进行分级。如需详细全面的健康评测，请找专业机构进行一对一详细测评。

主观健康问卷

体育锻炼对大多数人来说是非常安全的。此问卷会告诉您是否有必要在开始进一步的运动前，向医生或运动专家进行咨询。

序号	问题	选项
1	是否曾经听医生说过孩子有心脏病?	是□ 不确定□ 否□
2	是否曾经听医生说过孩子有高血压?	是□ 不确定□ 否□
3	在日常生活中或进行体力活动时是否出现过胸痛?	是□ 不确定□ 否□
4	在过去的 12 个月中，孩子是否因头晕而失去平衡或失去知觉?（如果因过度通气或进行了较大强度的运动而产生头晕，请选“不确定”）	是□ 不确定□ 否□
5	是否确诊患有其他慢性疾病（除心脏病、高血压外）？ 请填写疾病名称：________________	是□ 不确定□ 否□
6	目前或过去 12 个月内是否存在运动时骨、关节或软组织（肌肉、韧带或肌腱）损伤加重的问题?（如果曾经有问题，但现在并不影响开始进一步的运动，请选择“不确定”）	是□ 不确定□ 否□

“是”为 0 分，“不确定”为 1 分，“否”为 2 分。

如果以上问题得分为 12 分，则表明孩子可以安全地参加下一步的粗大动作技能评估；

如果以上问题无 0 分的选项，还需待对“不确定”项进行全面医学检查后再进行下一步的评估；

如果以上问题至少有一个 0 分的选项，请在粗大动作技能评估前咨询医生或运动专家。

粗大动作技能评估

得分为 12 分就可以开始中等强度运动，高强度运动可以在孩子能安全进行中等强度运动后再开始。

操作技能：投掷

测试 1：投掷网球

1. 在地面画一条线，投掷区域左右宽度不超过 6 米。

2. 受试者站在投掷线后，身体面向投掷方向，两脚前后分开，单手持网球（或沙包、同体积小号毛绒玩具），举过头顶，尽力向前掷。

3. 掷出时，不能踩在或越过投掷线。

4. 有效成绩为投掷线至球着地点之间的直线距离。可用卷尺丈量，测试 3 次，取最大值，记录以米为单位。

年龄 \ 投掷网球 \ 分值	2 分	1 分	0 分
3 ~ 4 岁	>3.5 米	1.5 ~ 3.5 米	<1.5 米
4 ~ 5 岁	>4.5 米	2.5 ~ 4.5 米	<2.5 米
5 ~ 6 岁	>6.0 米	3.5 ~ 6.0 米	<3.5 米

位移技能：跳

测试 2：双脚连续跳

1. 在平坦的地面上，每隔 50 厘米画一条横线，共画 10 条。在距离第 1 条线 20 厘米处设立起跳线。

2. 测试时，受试者两脚并拢，站在起跳线后。当听到“开始”口令后，受试者双脚同时起跳，连续跳过 10 条线。

3. 测试员视受试者起动开表计时。当受试者跳过第 10 条线双脚落地时停表。

4. 测试 3 次，取最好成绩，记录以秒为单位，保留小数点后一位，小数点后第二位数按“非零进一”的原则进位，如 10.11 秒记录为 10.2 秒。

5. 注意事项：测试时，如果受试者连续两次单脚起跳则重新测试。

分值 双脚连续跳 年龄	2 分	1 分	0 分
3 ~ 4 岁	<8.5 秒	8.5 ~ 17.0 秒	>17.0 秒
4 ~ 5 岁	<6.9 秒	6.9 ~ 12.0 秒	>12.0 秒
5 ~ 6 岁	<5.9 秒	5.9 ~ 9.2 秒	>9.2 秒

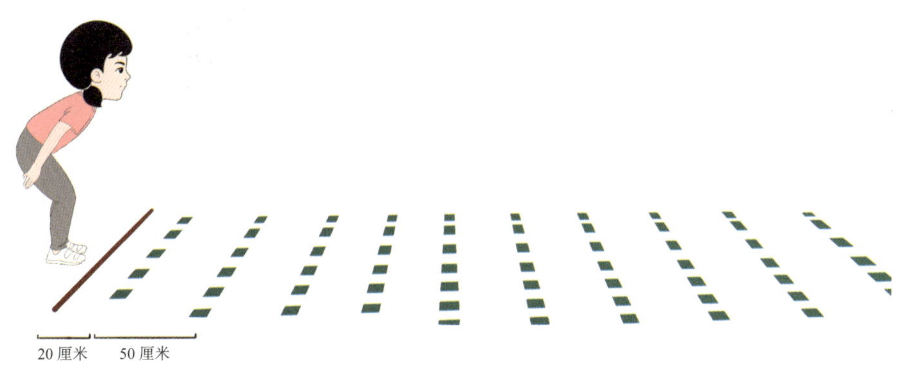

位移技能：跑

测试 3：10 米折返跑

1. 在平坦的地方找一块空地，使起点与折返线相距 10 米，折返处放置 1 个可手触的静止物体。

2. 测试时，受试者以站立式起跑姿势站在起跑线前。当听到“跑”的口令后，受试者全力跑向折返线。测试员视受试者起动开表计时。受试者跑到折返处，用手触摸物体后，转身跑回起跑线。当受试者胸部到达起跑线的垂直面时，测试员停表。

3. 记录以秒为单位，保留小数点后一位。小数点后第二位数按“非零进一”的原则进位，如 10.11 秒记录为 10.2 秒。

4. 注意事项：受试者应全速跑。接近终点时不要减速。在起终点处和目标线处不得站人，以免妨碍测试。

年龄 \ 10 米折返跑 \ 分值	2 分	1 分	0 分
3 ~ 4 岁	<8.7 秒	8.7 ~ 12.0 秒	>12.0 秒
4 ~ 5 岁	<7.7 秒	7.7 ~ 10.2 秒	>10.2 秒
5 ~ 6 岁	<7.0 秒	7.0 ~ 9.0 秒	>9.0 秒

[幼儿动作评估评分表]

评估类项	评估内容	分值			得分
		0 分	1 分	2 分	
主观健康问卷	1				
	2				
	3				
	4				
	5				
	6				
粗大动作技能评估	测试 1				
	测试 2				
	测试 3				
总分					

运动选择建议：

1. 低风险人群建议选择初、中、高任意级别的训练动作。
2. 中风险人群建议选择初、中任意级别的训练动作。
3. 高风险人群需咨询医生或运动专家，建议选择低级别的训练动作。

二　幼儿体能锻炼

01　初级锻炼动作

1. 平面横向滚动

【锻炼目的】提高灵敏性，发展动作协调性。

【锻炼方法】1 准备动作：自然仰卧在瑜伽垫上，双手举过头顶。

2 双手、双脚并拢，身体在地面横向滚动 1 圈。（见图）

【锻炼频次】每周 3 ~ 5 天，每天 3 ~ 5 组，组间休息 60 秒，每组 6 ~ 8 次。

【场地器材】室内或室外，瑜伽垫或训练垫。

【风险防范】注意保持自然呼吸，集中注意力。

【建议年龄】3 ~ 6 岁。

2. 拍打气球

【锻炼目的】提高灵敏性，发展动作协调性。

【锻炼方法】1 准备动作：自然站立，双手持气球在胸前。

2 将气球向上抛起，当气球下落时用手向上拍打气球，避免气球落地。（见图）

3 注意保持自然呼吸。

【锻炼频次】每周 4 ~ 5 天，每天 3 ~ 5 组，组间休息 60 秒，每组 30 秒。

【场地器材】室内或室外，气球。

【风险防范】注意地面平整，无障碍物。

【建议年龄】3 ~ 6 岁。

3. 俯地起身跳跃

【锻炼目的】提高协调性，发展动作灵敏性。

【锻炼方法】1 准备动作：双手双脚双膝触地，呈跪姿在瑜伽垫上。（见图 1）

2 双手前爬至俯撑，然后双手向后爬，撑地起身，双脚向上跳跃。（见图 2、图 3）

3 注意保持自然呼吸。

【锻炼频次】每周 4 ~ 5 天，每天 3 ~ 5 组，每组 6 ~ 8 次，组间休息 60 秒。

【场地器材】室内或室外，瑜伽垫或训练垫。

【风险防范】集中注意力。

【建议年龄】3 ~ 6 岁。

图 1　图 2　图 3

4. 障碍蛇形跑

【锻炼目的】提高协调性，发展动作灵敏性。

【锻炼方法】1 准备动作：自然站立在起始位置。

2 绕障碍物进行 S 形跑动，往返为 1 组。（见图）

3 注意保持自然呼吸。

【锻炼频次】每周 4 ~ 5 天，每天 3 ~ 5 组，组间休息 60 秒。

【场地器材】室内或室外，标志桶或毛绒玩具 4 ~ 5 个。

【风险防范】障碍物间距不宜过小，应为 1 米以上。

【建议年龄】3 ~ 6 岁。

5. 叠脚一字走

【锻炼目的】发展平衡能力和动作协调性。

【锻炼方法】1 准备动作：自然站立，抬头挺胸收腹，两眼平视前方，双手外展，双臂打开与地面平行，手心朝下，脚尖朝前。

2 左右两脚依次脚跟触碰脚尖，向前走直线。（见图）

3 注意保持自然呼吸。

【锻炼频次】每周 3 ~ 5 天，每天 3 ~ 5 组，组间休息 60 秒，每组 12 ~ 20 次。

【场地器材】室内或室外。

【风险防范】集中注意力。

【建议年龄】3 ~ 6 岁。

6. 手脚着地爬

【锻炼目的】提高协调性，发展动作灵敏性。

【锻炼方法】1 准备动作：俯身向下，手脚触地撑起，膝盖不着地。

2 异侧手脚向前走直线，3 ~ 5 米内往返爬为 1 组。（见图）

3 注意保持自然呼吸。

【锻炼频次】每周 4 ~ 5 天，每天 3 ~ 5 组，组间休息 60 秒。

【场地器材】室内或室外。

【风险防范】集中注意力，防止同手同脚。

【建议年龄】3 ~ 6 岁。

7. 纵跳摸高

【锻炼目的】提高灵敏性，发展动作协调性。

【锻炼方法】1 准备动作：家长与孩子面对面，均两脚自然开立，双腿弯曲，双手置于体前。（见图 1）

2 家长保持不动，孩子双脚原地跳起，双手触碰家长的双手，做击掌动作。（见图 2）

3 注意保持自然呼吸。

【锻炼频次】每周 3 ~ 5 天，每天 3 ~ 5 组，组间休息 60 秒，每组 6 ~ 10 次。

【场地器材】室内或室外。

【风险防范】明确活动范围，清除周边障碍物，防止摔倒。

【建议年龄】3 ~ 6 岁。

图1

图2

8. 侧向滑步

【锻炼目的】提高协调性，发展动作灵敏性。

【锻炼方法】1 准备动作：家长与孩子面对面自然站立，手牵手，抬头挺胸收腹。

2 两人同时向一个方向（左或右）侧滑步后并脚，3 ~ 5米往返为1组。（见图1、图2）

3 注意保持自然呼吸。

【锻炼频次】每周4 ~ 5天，每天3 ~ 5组，组间休息60秒。

【场地器材】室内或室外。

【风险防范】明确活动范围，清除周边障碍物，防止摔倒。

【建议年龄】3 ~ 6岁。

图1

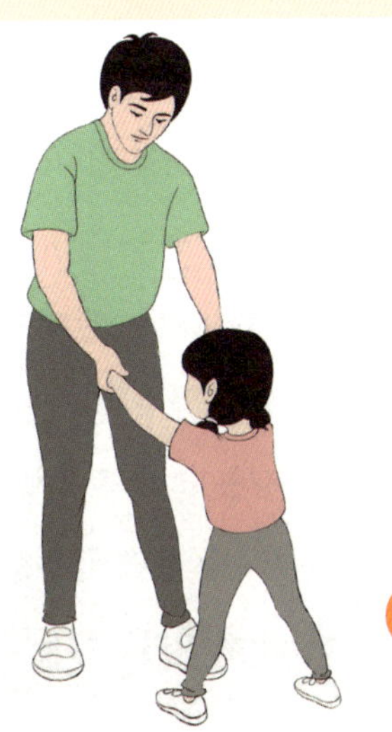
图2

9. 往返跑

【锻炼目的】提高灵敏性，发展动作协调性。

【锻炼方法】1 用纸盒和毛绒玩具设置目标距离，家长陪同孩子将毛绒玩具从起点送至终点后返回。每人每次只能送 1 个，送完为 1 组。（见图 1、图 2）

2 注意保持自然呼吸。

【锻炼频次】每周 4 ~ 5 天，每天 3 ~ 5 组，组间休息 60 秒。

【场地器材】室内或室外，纸盒 1 个、毛绒玩具多个。

【风险防范】明确活动范围，清除周边障碍物，防止摔倒。

【建议年龄】3 ~ 6 岁。

图 1　图 2

02 中级锻炼动作

1. 躲闪抛物

【锻炼目的】提高灵敏性，发展动作协调性。

【锻炼方法】1 准备动作：家长与孩子面对面自然站立，相隔一定距离。

2 家长向孩子轻抛出毛绒玩具，孩子在规定的活动范围内做出躲闪动作，尽量做到不被玩具碰到。（见图）

3 注意保持自然呼吸。

【锻炼频次】每周 4 ~ 5 天，每天 3 ~ 4 组，组间休息 60 秒，每组 8 ~ 10 次。

【场地器材】室内外均可，3 ~ 5 平方米的空间；毛绒玩具 1 个。

【风险防范】注意活动范围周边的障碍物，防止因孩子控制不好动作摔倒碰到障碍物，而产生安全隐患。

【建议年龄】3 ~ 6 岁。

2. 剪刀跳

【锻炼目的】提高协调性，增强下肢力量，发展动作灵敏性。

【锻炼方法】1 准备动作：家长和孩子面对面自然站立，双手叉腰。

2 原地向上跳跃，落地呈剪刀步，两腿前后交替为 1 次。（见图）

3 注意保持自然呼吸。

【锻炼频次】每周 4 ~ 5 天，每天 3 ~ 4 组，组间休息 60 秒，每组 8 ~ 10 次。

【场地器材】室内外均可，2 平方米左右的空间。

【风险防范】注意活动范围周边的障碍物，防止因孩子控制不好动作摔倒碰到障碍物，而产生安全隐患。

【建议年龄】3 ~ 6 岁。

3. 交替单脚站立

【锻炼目的】提高平衡能力，发展动作协调性。

【锻炼方法】1 准备动作：自然站立，双手打开，手臂与地面平行。

2 吸腿，单脚支撑站立，身体保持平衡。在规定时间完成两腿交替为1组。（见图）

3 注意保持自然呼吸。

【锻炼频次】每周4～5天，每天3～4组，组间休息30秒，每组30秒。

【场地器材】室内外均可。

【风险防范】注意活动范围周边的障碍物，防止因孩子控制不好动作摔倒碰到障碍物，而产生安全隐患。

【建议年龄】3～6岁。

4. 小虫爬

【锻炼目的】提高协调性，发展动作灵敏性。

【锻炼方法】1 准备动作：两脚与髋同宽，俯身双手触地支撑。（见图1）

2 用手尽量向前爬行，当无法再向前爬行时，双手撑住保持不动。双脚向前跟进，接近双手时再向后还原到起始位置保持不动，双手接着退回，（见图2）还原到站立姿势，这样为完成1次动作。

3 注意保持自然呼吸。

【锻炼频次】每周4～5天，每天3～4组，组间休息60秒，每组5次。

【场地器材】室内外均可，3～5平方米的空间。

【风险防范】注意不要塌腰，防止损伤腰部；手着地时要有控制，防止腕部损伤；肘关节不要过伸，防止肘关节损伤。

【建议年龄】3～6岁。

5. 身体攀爬

【锻炼目的】提高协调性，发展动作灵敏性。

【锻炼方法】1 准备动作：家长与孩子面对面站立，家长两脚约与肩同宽，马步站好，双臂打开，与地面平行。

2 孩子从一侧攀爬到家长的另一侧，往返为 1 次。（见图 1、图 2）

3 注意保持自然呼吸。

【锻炼频次】每周 4 ~ 5 天，每天 3 ~ 4 组，组间休息 60 秒，每组 5 次。

【场地器材】室内外均可，3 ~ 5 平方米的空间。

【风险防范】注意适当保护，防止摔到地上。

【建议年龄】3 ~ 6 岁。

6. 口令跳跃转体

【锻炼目的】提高灵敏性，发展动作协调性。

【锻炼方法】1 准备动作：孩子自然站立，双手平举。（见图 1）

2 按照口令原地跳跃，口令为“向左转”“向右转”；左、右转各跳 1 下为 1 次。（见图 2）

3 注意保持自然呼吸。

【锻炼频次】每周 4 ~ 5 天，每天 3 ~ 4 组，组间休息 60 秒，每组 5 ~ 8 次。

【场地器材】室内外均可，3 ~ 5 平方米的空间。

【风险防范】注意活动范围周边的障碍物，防止因孩子控制不好动作摔倒碰到障碍物，而产生安全隐患。

【建议年龄】4 ~ 6 岁。

图 1　图 2

7. 障碍物蛙跳

【锻炼目的】提高灵敏性，发展动作协调性。

【锻炼方法】1 准备动作：两脚与髋同宽站立。

2 依次连续向前跳过障碍物，往返为 1 组，以不踩到障碍物为宜。（见图）

3 注意保持自然呼吸。

【锻炼频次】每周 4 ~ 5 天，每天 3 ~ 4 组，组间休息 60 秒。

【场地器材】室内外均可，4 ~ 5 平方米的空间；毛绒玩具 4 ~ 5 个。

【风险防范】注意活动范围周边的障碍物，防止因孩子控制不好动作摔倒碰到障碍物，而产生安全隐患。

【建议年龄】3 ~ 6 岁。

8. 亲子开合跳

【锻炼目的】提高灵敏性，发展动作协调性。

【锻炼方法】1 准备动作：家长坐在地上，孩子自然站于家长体前，两人手拉手。

2 家长双腿做开合摆动，孩子按照家长摆动腿的节奏，进行里外开合跨腿跳越。以不踩到家长的腿为宜。开合跳算作 1 次。（见图 1、图 2）

3 注意保持自然呼吸。

【锻炼频次】每周 4 ~ 5 次，每天 3 ~ 4 组，组间休息 60 秒，每组 5 ~ 8 次。

【场地器材】室内外均可。

【风险防范】注意避免孩子踩腿摔倒。

【建议年龄】3 ~ 6 岁。

图 1

图 2

03 高级锻炼动作

1. 原地字母跳（T、Y、X 跳）

【锻炼目的】提高协调性，发展动作灵敏性。

【锻炼方法】1 准备动作：家长与孩子并排自然站立。

2 家长和孩子一起双脚原地向上跳跃，在跳跃过程中顺次做出字母（T、Y、X）姿势，做完 3 个姿势为 1 次。（见图 1 ~ 图 3）

3 注意保持自然呼吸。

【锻炼频次】每周 4 ~ 5 天，每天 3 ~ 4 组，组间休息 60 秒，每组 8 ~ 10 次。

【场地器材】室内外均可，2 平方米左右的空间。

图 1

图 2

图 3

【风险防范】注意活动范围周边的障碍物，防止因孩子控制不好动作摔倒碰到障碍物，而产生安全隐患。

【建议年龄】3 ~ 6 岁。

2. 抓接物体

【锻炼目的】提高灵敏性，发展动作协调性。

【锻炼方法】1 准备动作：家长与孩子面对面自然站立。

2 家长向孩子抛扔毛绒玩具，孩子在规定活动范围内快速将玩具接住，并扔回家长处，接到并抛回为 1 次。（见图 1、图 2）

3 注意保持自然呼吸。

【锻炼频次】每周 4 ~ 5 天，每天 3 ~ 4 组，组间休息 60 秒，每组 8 ~ 10 次。

【场地器材】室内外均可，2 ~ 3 平方米的空间；3 ~ 5 个毛绒玩具。

【风险防范】明确活动范围，并注意活动范围周边的障碍物，防止因孩子摔倒碰到障碍物，而产生安全隐患。

【建议年龄】3 ~ 6 岁。

图 1

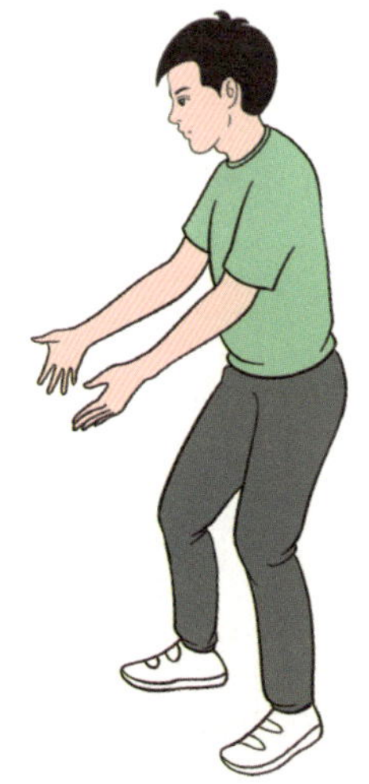

图 2

3. 单脚跳

【锻炼目的】提高灵敏性，发展动作协调性。

【锻炼方法】1 准备动作：自然站立。

2 让孩子在规定活动范围内单脚跳跃（可行进间，也可原地），跳跃过程中另一只脚始终不触地。做到规定次数后换脚。（见图）

3 注意保持自然呼吸。

【锻炼频次】每周 4 ~ 5 天，每天 3 ~ 4 组，组间休息 60 秒，每组 8 ~ 10 次。

【场地器材】室内外均可，3 ~ 5 平方米的空间。

【风险防范】明确活动范围并注意活动范围周边的障碍物，防止孩子摔倒碰到障碍物，产生安全隐患。

【建议年龄】3 ~ 6 岁。

4. 单脚支撑俯身拾物

【锻炼目的】提高平衡性，发展动作协调性。

【锻炼方法】1 准备动作：身体直立，一只脚支撑。

2 让孩子在规定活动范围内俯身拾取地面上的物品。拾取过程中另一只脚始终不触地，尽量保持身体平衡、稳定。两侧脚都做完规定次数为 1 组。（见图）

3 注意保持自然呼吸。

【锻炼频次】每周 4 ~ 5 天，每天 3 ~ 4 组，组间休息 60 秒。

【场地器材】室内外均可，3 ~ 5 平方米的空间；毛绒玩具、硬币或可拾取的物品。

【风险防范】明确活动范围并注意活动范围周边的障碍物，防止孩子摔倒碰到障碍物，产生安全隐患。

【建议年龄】4 ~ 6 岁。

5. 交替踢腿

【锻炼目的】提高协调性，发展平衡能力。

【锻炼方法】1 准备动作：自然站立，双手侧平举。

2 让孩子在规定的活动范围内交替踢腿（可行进间，也可原地）。尽可能高地直腿向上踢起；尽量保持身体平衡、稳定。两侧腿交替做完规定次数为 1 组。（见图）

3 注意保持自然呼吸。

【锻炼频次】每周 4 ~ 5 天，每天 3 ~ 4 组，组间休息 60 秒，每组 10 ~ 15 次。

【场地器材】室内外均可，3 ~ 5 平方米的空间。

【风险防范】明确活动范围并注意活动范围周边的障碍物，防止孩子摔倒碰到障碍物，产生安全隐患。

【建议年龄】3 ~ 6 岁。

6. 毛毛虫运球

【锻炼目的】提高灵敏性，发展动作协调性。

【锻炼方法】1 准备动作：让孩子在规定的活动范围内坐于地上，两脚着地，屈膝约 90 度，双手置于身后且支撑于地上。将球放置于孩子两膝之间。

2 手脚支撑搬运球，球搬运至指定位置再返回原地为 1 次。搬运过程中，尽量保持身体平衡、稳定和球不脱落。做完规定次数为 1 组。（见图）

3 注意保持自然呼吸。

【锻炼频次】每周 4 ~ 5 天，每天 3 ~ 4 组，组间休息 60 秒，每组 2 ~ 3 次。

【场地器材】室内外均可，3 ~ 5 平方米的空间；球 1 个。

【风险防范】明确活动范围，并注意活动范围周边的障碍物，保证地面整洁，防止孩子擦伤，产生安全隐患。

【建议年龄】3 ~ 6 岁。

7. 障碍物侧向跳

【锻炼目的】提高灵敏性，增强下肢力量并发展动作协调性。

【锻炼方法】1 准备动作：在规定活动范围内按一字摆放毛绒玩具并将其作为障碍物，相邻障碍物间距约 0.5 米（或根据孩子的能力改变间距），孩子自然站立于起始位置。

2 让孩子顺次左右侧交叉跳越障碍物。往返为 1 次。（见图 1、图 2）

3 注意保持自然呼吸。

【锻炼频次】每周 4 ~ 5 天，每天 3 ~ 4 组，组间休息 60 秒，每组 2 ~ 3 次。

【场地器材】室内外均可，3 ~ 5 平方米的空间；毛绒玩具 5 ~ 6 个。

【风险防范】明确活动范围并注意活动范围周边障碍物，防止孩子摔倒，产生安全隐患。

【建议年龄】3 ~ 6 岁。

8. 石头剪刀布跳

【锻炼目的】提高灵敏性，发展动作协调性。

【锻炼方法】1 准备动作：家长与孩子面对面自然站立。

2 让孩子在规定的活动范围内，根据家长的“石头剪刀布”口令，快速做出相应的石头（并腿）、剪刀（剪刀腿）、布（分腿）的动作。尽量保持身体稳定，每个动作落地为 1 次，做够相应的次数为 1 组。（见图 1、图 2）

3 注意保持自然呼吸。

【锻炼频次】每周 4 ~ 5 天，每天 3 ~ 4 组，组间休息 60 秒，每组 8 ~ 10 次。

【场地器材】室内外均可，3 ~ 5 平方米的空间。

【风险防范】明确活动范围，并注意活动范围周边的障碍物，防止孩子摔倒碰到障碍物，产生安全隐患。

【建议年龄】4 ~ 6 岁。

第二节 基本动作学练

幼儿时期正处于基本动作技能形成的高峰期，把握住幼儿在这一阶段的敏感期，异常重要。近年来围绕身体活动与基本动作技能的研究已经证明，幼儿基本动作技能的发展、身体活动水平均与身心健康状态存在着高度相关性，对他们身体、心理的发展具有重要意义。基本动作学练部分，通过将走、跑、跳、投等基本动作技能与具体的情境相结合，在父母的陪伴下以孩子感兴趣的游戏形式，激发孩子的运动兴趣、发展孩子的基本动作技能，为孩子运动技能的学习、运动能力的提升以及终身体育打下良好的基础。

一 行走类体育游戏

1. 平衡走

【锻炼目的】帮助幼儿理解并遵守游戏规则，提高幼儿的平衡能力，鼓励幼儿在游戏中创意地表现或模仿各种基本动作。

【锻炼方法】1 在地上放一根长绳子并固定好。

2 孩子站在绳子的一端，沿着绳子双脚交替走向另一端，走到头以

后，再用后脚跟抵着前脚尖往后退着走回来。（见图 1）

3 在走到绳子中间时，可用一只脚在绳子上独立一会儿，并站在绳子上做不同的动作。

【建议年龄】4 ~ 6 岁。

【场地器材】长绳子，玩偶。

【锻炼频次】每次 5 ~ 10 分钟，以幼儿的兴趣不下降为宜。

【活动变式】1 可以在头上各顶 1 个玩偶沿着绳子走。（见图 2）

2 可以将直线变成 Z 字形线。

【温馨提示】1 注意环境安全，地板干净整洁。

2 对于平衡能力弱的孩子，家长可以协助进行，但尽量不要拉孩子的手，在一旁保护即可。若需保护，家长可以拉孩子的衣服加以辅助。

3 对于平衡能力强的孩子，尽量让孩子独立完成，家长多给予鼓励。

图 1

图 2

2. 老猫睡觉醒不了

【锻炼目的】通过游戏使幼儿掌握轻轻走、跑和躲藏的本领，能较好地控制肢体动作；能遵守游戏的规则；体验到亲子游戏的乐趣。

【锻炼方法】1 游戏开始，家长扮演老猫说“老猫睡觉醒不了”。幼儿扮演小猫轻轻念儿歌“老猫睡觉醒不了，小猫偷偷往外瞧，小猫小猫爱游戏，轻轻走到外边去”。

2 念完儿歌，小猫要轻轻地走到家里的某个位置藏起来。（见图）

3 老猫听到小猫走开后，睁开眼睛说“老猫醒了四面瞧，我的孩子不见了”。

4 老猫四面张望，同时发出声音“喵喵”。

5 小猫听到老猫的叫声，赶快跑到老猫的身边。

【建议年龄】3 ~ 5 岁。

【场地器材】可供幼儿躲藏的物体。

【锻炼频次】每次 5 ~ 10 分钟，以幼儿的兴趣不下降为宜。

【活动变式】可以在家中进行，可与“躲猫猫”的游戏一起玩。

【温馨提示】注意周边环境的安全，地面无障碍物。

3. 跟着“小旗”走

【锻炼目的】练习看信号或听口令走，培养参与活动的兴趣，建立初步的自信心，感受活动的乐趣。

【锻炼方法】1 爸爸拿气球带领幼儿演示排队听口令走。（见图 1）

2 让幼儿举着气球当小旗手在前面领队走。（见图 2）妈妈发出行走口令，如向左走、向右走、向阳台走等。

3 可创编适当的情境儿歌，以增加趣味性。

【建议年龄】3 ~ 5 岁。

【场地器材】气球。

【锻炼频次】每次 5 ~ 10 分钟，以幼儿的兴趣不下降为宜。

【活动变式】可与“开火车”游戏一起开展。

【温馨提示】注意周边环境的安全，地面无障碍物。

图 1

图 2

4. 开火车

【锻炼目的】练习听信号或听口令走，提升反应能力，感受亲子体育游戏的乐趣。

【锻炼方法】1 家长扮演火车头带领孩子排好队。(见图 1)

2 家长和孩子一起说“呜呜，我们的火车要开了，开到哪里去？开到 ××（卧室、厨房、阳台……）去”。幼儿两臂屈肘左右转动，模仿车轮滚动，边走边发出“咔嚓咔嚓”的声音。

3 家长说“××到了”时，幼儿要发出“嗤——”的一声并停下，表示到站停车。

4 换孩子当火车头，游戏重复进行。(见图 2)

【建议年龄】3 ~ 5 岁。

【场地器材】可共同制作一个火车头头饰。

【锻炼频次】每次 5 ~ 10 分钟，以幼儿的兴趣不下降为宜。

【活动变式】可与“跟着‘小旗’走”游戏一起玩。

【温馨提示】注意居家环境的安全，将桌子、椅子等收起来。

图 1

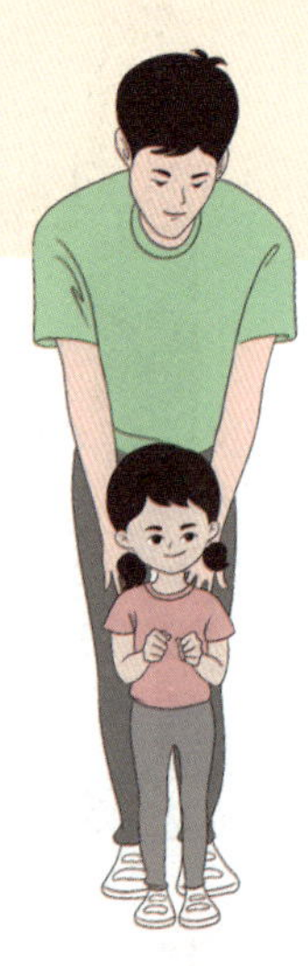

图 2

5. 吹泡泡

【锻炼目的】练习走圆圈、变换方向走以及不同形式的走，培养游戏规则意识，感受家庭体育游戏活动的乐趣。

【锻炼方法】
1. 家长和孩子拉手围成圆圈。
2. 边转圈边说“吹泡泡，吹泡泡，吹成一个大泡泡。”
3. 家长说“泡泡飞高了”，大家一起踮着脚走。(见图 1)
4. 家长说“泡泡飞低了”，大家一起蹲着走。(见图 2)
5. 家长说“泡泡变小了”，大家一起缩成一个小圆圈。
6. 家长说“泡泡炸了”，大家松开手，坐到地板上。
7. 换成孩子发口令，游戏重复进行。

【建议年龄】3 ~ 5 岁。

【场地器材】宽敞的场地。

【锻炼频次】每次 5 ~ 10 分钟，以幼儿的兴趣不下降为宜。

【活动变式】可以把泡泡改成气球，幼儿扮演小海豹，用头、手、腿等身体部位，将气球向上、向前或是向后顶。

【温馨提示】注意提前将客厅里的障碍物挪至其他房间。

图 1

图 2

6. 勇闯独木桥

【锻炼目的】喜欢参加家庭亲子体育游戏；提高平衡能力和注意力。

【锻炼方法】1 将跳绳拉直放在地上，两端分别放置盆子，其中一个盆子里放置若干玩具。

2 开始后孩子将玩具从一个盆子运送到另一个盆子里，运送的过程中两只脚要一直踩在跳绳上，一只脚尖尽量碰另一只脚后跟，交替沿绳子前进。（见图 1）

【建议年龄】3 ~ 4 岁。

【场地器材】玩具若干，跳绳 1 条，盆子 2 个。

【锻炼频次】每次 5 ~ 10 分钟，以孩子的兴趣不下降为宜。

【活动变式】在游戏的过程中可以将跳绳换为长凳或摆成一排距离适当高矮不一的小凳子。（见图 2）

【温馨提示】1 运送的玩具尽量是软的。

2 提醒孩子双脚必须踩在绳子上，如果孩子没有踩到绳子应重新再来。

图 1

图 2

7. 小羊回家

【锻炼目的】体验家庭亲子体育游戏的乐趣；通过闭眼行走发展幼儿的平衡能力。

【锻炼方法】1 用口罩或眼罩蒙住孩子的眼睛，家长站在与孩子相隔一定距离的位置。

2 创设情景：草原上刮起了大风，把小羊吹跑了，小羊眼睛又进了沙子睁不开了，只有仔细听羊妈妈的叫声才能回到家。

3 开始后，妈妈要持续地"咩－咩－咩"地叫，引导孩子向自己的方向走动，爸爸默默地保护孩子。过程中孩子不能摘下眼罩。（见图 1 ～图 3）

【建议年龄】4 ～ 5 岁。

【场地器材】口罩或眼罩若干个，一块平整的场地。

【锻炼频次】每次 5 ～ 10 分钟，以幼儿的兴趣不下降为宜。

【活动变式】在游戏的过程中妈妈在咩咩叫的时候可以变换不同的位置。

【温馨提示】注意周围环境的安全，周围无尖锐物体。

图 1

图 2

图 3

8. 闭眼寻宝

【锻炼目的】感受亲子家庭体育游戏的乐趣；培养孩子听指令做动作的能力，锻炼平衡能力和协调性。

【锻炼方法】1 将常见生活物品摆放在空旷的场地上，用眼罩或口罩蒙住孩子眼睛。

2 开始后，孩子在场地中寻找指定物品。（见图 1、图 2）

3 在孩子寻找的过程中，家长要不断提示左右和距离远近。孩子距离该物品越近家长的声音要越大，距离越远声音要越小。

【建议年龄】4 ~ 6 岁。

【场地器材】一块平整的场地，各种生活物品若干，眼罩或口罩 1 个。

【锻炼频次】每次 5 ~ 10 分钟，以孩子的兴趣不下降为宜。

【活动变式】家长与孩子互换角色，孩子不断说出指定物品的名称，家长则根据孩子声音的大小寻找物品。

【温馨提示】注意环境的安全，周围无尖锐物体。

图 1

图 2

二　奔跑类体育游戏

1. 看看谁，反应快

【锻炼目的】学会遵守游戏规则，体验游戏的乐趣；能听指令快速奔跑，提升反应速度；能认识自己的身体部位，并做出正确的辨识。

【锻炼方法】1 爸爸和幼儿面对面相隔 10 米站立，并在两人正中间放置 1 个玩具。

2 妈妈在一旁说出身体的任意一个部位或者玩具名称后，爸爸和幼儿要快速按指令做出反应。例如：妈妈喊道“耳朵”，爸爸和幼儿则要快速用手摸自己的耳朵；妈妈喊道“脚”，爸爸和幼儿则要快速用手摸自己的脚；妈妈喊道“玩具”，爸爸和幼儿则要快速跑向中间区域并抢夺玩具。（见图 1 ~ 图 3）

3 依次轮换发口令，进行多轮游戏。

图 1

图 2

【建议年龄】3 ~ 4 岁。

【场地器材】玩具 1 个。

【锻炼频次】每次 5 ~ 10 分钟，以幼儿的兴趣不下降为宜。

【活动变式】可将准备姿势换成坐着、背对背站立等。

【温馨提示】1 玩具尽量是软的。

2 注意地面平整。

3 周围环境安静，家长和孩子能够集中注意力。

图 3

2. 快跑拉绳

【锻炼目的】通过游戏学会遵守规则，体验游戏的乐趣；能听指令疾跑急停，提升反应能力和动作灵敏性。

【锻炼方法】1 椅子背对背放置，中间相隔约 1 条跳绳的距离。

2 将跳绳拉直放在椅子之间，跳绳的两端分别放在椅子的正下方。

3 妈妈和幼儿分别背靠背坐在各自的椅子上。（见图 1）

4 爸爸说出一个数字后，妈妈和幼儿要迅速起身，并以顺时针的方向围着两把椅子跑所报数字的圈数，跑完后坐到椅子上并拉动椅子下边的跳绳，谁先拉动谁获胜。（见图 2、图 3）

5 游戏依次进行数轮。

【建议年龄】5 ~ 6 岁。

【场地器材】椅子 2 把，跳绳 1 根。

【锻炼频次】每次 5 ~ 10 分钟，以幼儿的兴趣不下降为宜。

【活动变式】在游戏的过程中，可以将跑动姿势变化为踮脚跑或脚后跟跑等。

【温馨提示】1 注意周边环境的安全，地面的整洁无障碍物。

2 在追逐的过程中家长注意与孩子保持同步的速度，保护孩子安全。

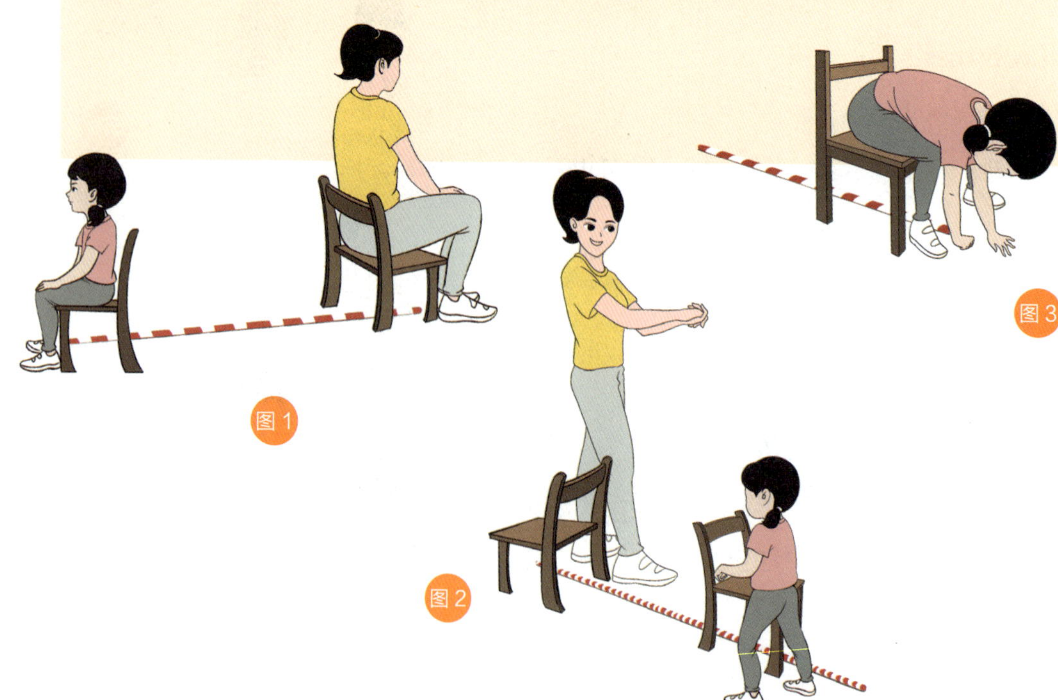
图 1

图 2

图 3

3. 纸杯翻翻乐

【锻炼目的】通过游戏学会遵守规则，体验游戏的乐趣；能够听指令快速奔跑，提升动作的灵敏性。

【锻炼方法】1 将纸杯散落在场地中间，其中 5 个纸杯杯口朝下放置，另外 5 个杯口朝上放置。（见图 1）

2 爸爸宣布游戏开始后，妈妈和幼儿迅速跑到场地中间开始翻纸杯，妈妈要把所有纸杯杯口朝上放置，幼儿要将纸杯杯口朝下放置。（见图 2）

3 1 分钟后游戏结束，看最终纸杯口朝上的和朝下的哪个多，多的获胜，游戏依次进行数轮。

【建议年龄】4 ~ 6 岁。

【场地器材】纸杯 10 个或翻转杯 10 个。

【锻炼频次】每次 5 ~ 10 分钟，以幼儿的兴趣不下降为宜。

【活动变式】将起跑的准备姿势由坐着换成背对背站立。

【温馨提示】注意玩游戏的速度，适当培养孩子面对挫败的能力，并且积极鼓励孩子，培养孩子坚持不懈的精神。

图 1

图 2

4. 汽车滴滴滴

【锻炼目的】在小汽车游戏中感受音乐的快慢，能有节奏地参与趣味游戏；进一步练习走、跑等动作，提高反应速度和能力。

【锻炼方法】1 爸爸在前做司机，手握“方向盘”，孩子和其他家庭成员在后面依次拉住前面人的衣服做乘客，家长和孩子在音乐声中开汽车，可边开车边发出汽车的喇叭声。（见图 1）

2 音乐快，用跑步表示；音乐慢，用走表示；音乐停止，可马上蹲下表示刹车；音乐响起，继续开汽车。（见图 2）

3 在游戏的过程中，家长可以问孩子“汽车开到哪里去?”孩子回答“汽车开到 ×× 里。”

【建议年龄】4 ~ 6 岁。

【场地器材】方向盘（塑料盘子），节奏快慢不同的音乐，如《虫儿飞》《小小鹿》。

【锻炼频次】每次 5 ~ 10 分钟，以幼儿的兴趣不下降为宜。

【活动变式】可以变为开火车。一只手拉住前面人的衣服，另一只手的手臂屈肘在身体旁前后摆动作车轮滚动状。边开火车边发出火车的“咔嚓—咔嚓”声。

【温馨提示】1 可以环绕桌椅等家具转圈，但是要注意周边环境的安全。

2 父母注意速度，要关照到孩子的节奏。

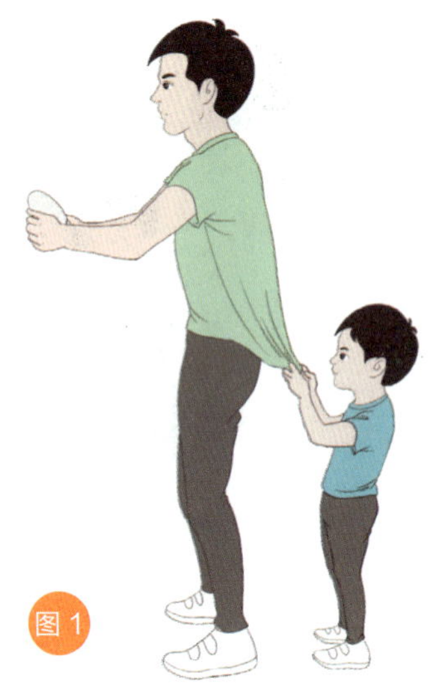
图 1

图 2

5. 小孩小孩真爱玩

【锻炼目的】练习快速奔跑，锻炼下肢肌肉力量和跑步动作技能；进一步发展对物品属性（如颜色、大小、高低、软硬、粗糙光滑）的认知能力；激发运动兴趣，体验体育游戏活动的乐趣。

【锻炼方法】1 让幼儿熟悉游戏用到的各种常见的生活物品。

2 以客厅为起始点，家长和孩子一起说儿歌“小孩小孩真爱玩，一会儿摸摸这儿，一会儿摸摸那儿。”家长继续说“一会儿摸摸 ××× （暖气片、冰箱……）跑回来。”幼儿迅速听指令摸到 ××× 后跑回起始点。（见图）

3 变化要摸的生活物品，进行数次。亲子可互换角色。

【建议年龄】4 ~ 6 岁。

【场地器材】家居常用的生活物品。

【锻炼频次】每次 5 ~ 10 分钟，以幼儿的兴趣不下降为宜。

【活动变式】可以将跑回来改为跳回来或者爬回来。

【温馨提示】1 注意摸的家居物品要易于辨认，且不易被碰坏。

2 可将玩偶提前布置在房间各处。

三 跳跃类体育游戏

1. 鞋子找朋友

【锻炼目的】掌握双脚连续跳的基本动作要领，能做到同时起跳和同时落地，提高下肢力量；感受亲子游戏的乐趣。

【锻炼方法】1 将鞋打乱，散落放在场地中。

2 幼儿将一只鞋放在两脚之间夹紧，以双脚连续跳的方式前进。（见图 1）

3 当找到与夹着的鞋配对的另一只后，将两只鞋拿回到起点处并放好。（见图 2）

4 重复该过程直到所有鞋配对完成。

【建议年龄】3 ~ 4 岁。

【场地器材】鞋若干双。

【锻炼频次】每次 5 ~ 10 分钟，以幼儿的兴趣不下降为宜。

【活动变式】在熟悉玩法后，通过比赛的方式再次进行。

【温馨提示】1 使用的鞋注意保持卫生并消毒。

2 空间内只有鞋子，无其他物品。

图 1　　图 2

2. 摘果果

【锻炼目的】养成纵跳时双手向上带动身体的习惯，能膝盖弯曲、用力向上跳跃，提升下肢力量；感受亲子体育游戏的乐趣。

【锻炼方法】1 用胶带在门框左右拉出适当高度的网，并将玩具（代表水果）粘在胶带上。

2 孩子要努力跳高将胶带上的玩具摘下来。（见图 1）

3 家长要引导孩子双手带动身体跳高。

【建议年龄】3 ~ 4 岁。

【场地器材】玩具若干，宽胶带。

【锻炼频次】每次 3 ~ 5 分钟，以幼儿的兴趣不下降为宜。

【活动变式】1 通过模仿动物走的方式到达指定地点进行跳跃。（见图 2）

2 通过比赛的方式进一步增加孩子的兴趣。

【温馨提醒】1 注意根据孩子的年龄和能力调整难度。

2 周边环境无尖锐物体，家长可以适当地进行保护。

图 1　　图 2

3. 小海豹

【锻炼目的】提高对运动物体的判断能力，掌握向上起跳的动作方法，感受亲子体育活动的乐趣。

【锻炼方法】1 孩子模仿小海豹，做用头顶气球的动作。

2 妈妈抛球，引导孩子通过判断气球的落点和下降的速度，采用半蹲、摆臂、用力向上跳起的方式，准确地用头顶球。（见图 1、图 2）

3 妈妈也可以参与顶球，与孩子依次顶球，看谁能准确地顶到球。

【建议年龄】3 ~ 4 岁。

【场地器材】气球若干。

【锻炼频次】每次 5 ~ 10 分钟，以幼儿的兴趣不下降为宜。

【活动变式】在游戏的过程中可以变化触球部位如鼻子、肩膀等。

【温馨提示】1 注意周边环境的安全，活动范围内无障碍物。

2 不同年龄可用大小不同的气球。当孩子对游戏相对熟练后，也可以使用较小的气球。

4. 快乐开合跳

【锻炼目的】能够以一定的节奏进行双脚开合跳，提升动作协调能力，锻炼下肢力量；能与家长积极互动，感受亲子体育活动的乐趣。

【锻炼方法】1 孩子与家长各一队，将每队的 2 把凳子相隔 1 条跳绳的距离放好，将玩具放在其中一把凳子上。

2 凳子中间平行摆放 2 条绳子，2 条绳子相隔肩宽的距离。孩子与家长分别站在起点处。

3 开始后孩子与家长一起用开合跳的方式出发，将凳子上的玩具依次运送到另一把凳子上，每次只能运 1 只玩具。

4 在开合跳的过程中，开的时候双脚要站在绳子两侧，合的时候双脚要站在绳子之间。送回后再开合跳至起点。（见图）

5 看谁先把所有的玩具运完。

【建议年龄】4 ~ 5 岁。

【场地器材】玩具若干个，凳子 4 个，跳绳 4 条。

【锻炼频次】每次 5 ~ 10 分钟，以幼儿的兴趣不下降为宜。

【活动变式】在运送玩具的时候，将玩具夹在两腿之间以双脚连续跳的方式前进。

【温馨提示】1 确定周边环境的安全和地面的整洁。

2 孩子无法自主进行开合跳时，家长应给予一定的帮助。

5. 小兔子绕圈跳

【锻炼目的】体验亲子体育游戏的乐趣；能灵活使用单、双脚跳进行体育游戏，锻炼下肢力量。

【锻炼方法】1 家长坐在地上，张开双腿。

2 让孩子横向跳过家长的腿，或者左右脚依次迈过家长的双腿。（见图1）

3 孩子跳或走过之后，绕过家长的背后，转到起始位置再继续。（见图2）

【建议年龄】4～5岁。

【场地器材】平整的场地。

【锻炼频次】每次5～10分钟，以孩子的兴趣不下降为宜。

【活动变式】1 在孩子跳之前家长可以张开或者合上双腿。

2 让孩子变化跳跃方式：单脚跳、立定跳、跨跳等。

3 往后跳过家长的腿。

【温馨提示】1 尽量让孩子独立完成。

2 家长要控制双腿开合的速度，并明确孩子的位置。

图1

图2

6. 袋鼠跳跳跳

【锻炼目的】体验合作游戏的快乐；学会遵守游戏规则；通过悬垂动作提升上肢力量。

【锻炼方法】1 爸爸与妈妈和孩子相距 5 米。（见图 1）

2 让孩子双手从前面抱紧妈妈的脖子，双腿夹紧妈妈的腰，孩子像小袋鼠一样紧紧地挂在妈妈的胸前。（见图 2）

3 妈妈抱着孩子，双脚向前跳跃，跳至对面爸爸处，再换成爸爸，抱着小袋鼠跳回来。（见图 3）

4 游戏依次进行。

【建议年龄】4 ~ 6 岁。

【场地器材】袋鼠头饰 3 个。

【锻炼频次】每次 5 ~ 10 分钟，以幼儿的兴趣不下降为宜。

【活动变式】1 爸爸进行移动，孩子与妈妈手牵手一起跳着去追爸爸。

2 可以在行进的路径上布置障碍。

【温馨提示】1 注意周边环境的安全。

2 家长注意孩子的力量。力量弱的孩子，家长的跳动稍缓慢；力量强的孩子，家长可以适当地增加跳动频率和幅度。

图 1

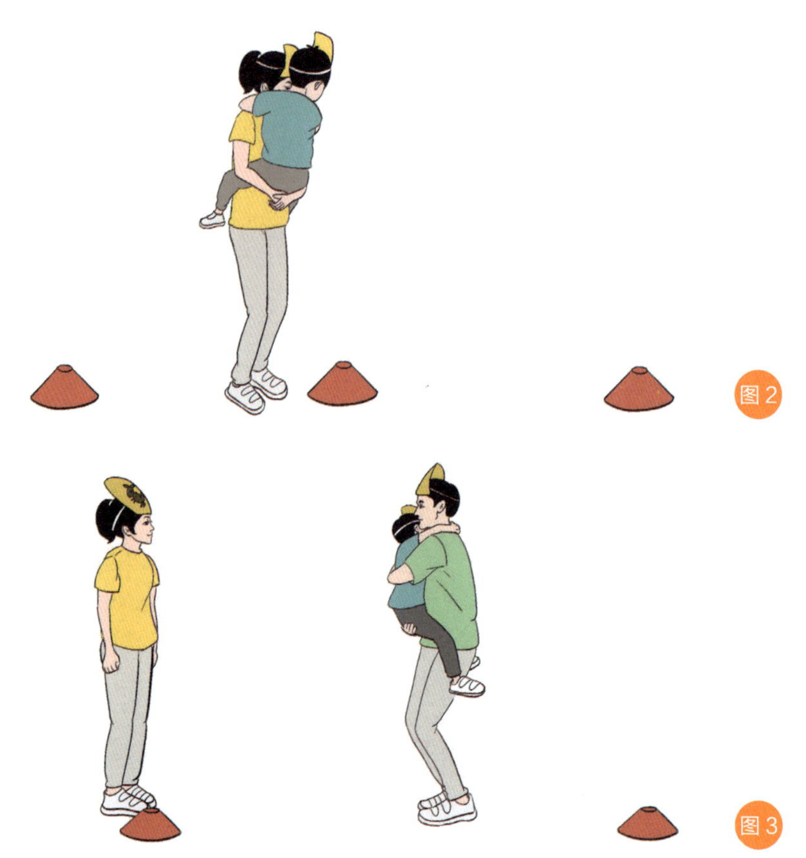

图 2

图 3

7. 解救小动物

【锻炼目的】体验亲子家庭体育游戏的乐趣；掌握双脚、单脚跳的动作要领；能与家长合作玩游戏。

【锻炼方法】1 将地垫按照单块、双块的顺序交替摆放在场地上。

2 导入小动物被困住的游戏情景。

3 孩子扮演小兔子，按照双块垫子双脚跳、单块垫子单脚跳的规律向前单双脚交替跳，跳到终点拿起被困动物玩具后仍以同样的方式跳回起点，并将玩具放到指定位置。（见图 1）

4 根据孩子的游戏兴趣重复游戏。

【建议年龄】4 ~ 5 岁。

【场地器材】地垫数块、小玩具数个。

行走类
奔跑类
跳跃类
投掷类
钻爬类
攀登类
悬垂和支撑类
球类
综合类

【锻炼频次】每次 5 ~ 10 分钟，以孩子的兴趣不下降为宜。

【活动变式】游戏的过程中家长扮演障碍物，孩子从家长腿部跳跃过去，双腿双脚跳，单腿单脚跳。(见图 2)

【温馨提示】**1** 跳跃的过程中注意场地的安全。

2 小玩偶可以替换成其他物品。

图 1　图 2

四　投掷类体育游戏

1. 弹球进洞

【锻炼目的】感受亲子体育游戏的乐趣；能手眼协调地将塑料球投到目标地，具有较好的掷准能力。

【锻炼方法】**1** 孩子拿着塑料球站在桌子的一端，妈妈在另一端。

2 开始后孩子将塑料球投向妈妈面前的小罐子中，投进得 1 分。(见图 1)

3 家长和孩子轮流投掷，得分多者获胜。

【建议年龄】4 ~ 5 岁。

【场地器材】塑料球若干（若没有，可用纸巾团一些小纸球），小罐子。

【锻炼频次】每次 5 ~ 10 分钟，以孩子的兴趣不下降为宜。

【活动变式】将投掷动作改为将塑料球击打桌面后弹跳至小罐子中。（见图 2）

【温馨提示】注意环境的卫生。

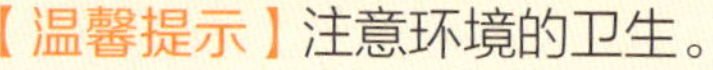

图 1　　图 2

2. 移动打靶

【锻炼目的】体验亲子投掷游戏的乐趣；投掷过程中能用视觉追踪移动物体，提高手眼协调能力。

【锻炼方法】1 孩子拿着沙包站好，家长拿着餐巾纸站在孩子的斜前方。（见图 1）

2 家长将餐巾纸从孩子的斜上方缓缓落下。（见图 2）

3 孩子选择适宜时机将沙包投向纸巾，投中纸巾得 1 分，未投中得 0 分。家长和孩子轮流投，最终得分多者获胜。

图 1

图 2

【建议年龄】5～6岁。

【场地器材】沙包若干，餐巾纸若干，盒子。

【锻炼频次】每次10～15分钟，以孩子的兴趣不下降为宜。

【活动变式】可以将餐巾纸换为手绢等其他物品。

【温馨提示】注意环境的安全，环境四周勿放易碎物品。

3. 躲避蜘蛛网

【锻炼目的】体验投掷游戏的乐趣；具有较好的空间感知觉，能较为准确地击中目标，提高手眼协调能力；锻炼上肢力量。

【锻炼方法】1 用胶带在门框左右贴出适当高度的“蜘蛛网”。（见图1）

2 让孩子用纸团投过胶带，要求纸团能穿过，不被粘住。（见图2）

【建议年龄】5～6岁。

【场地器材】纸团（或沙包）若干，宽胶带。

【锻炼频次】每次5～10分钟，以孩子的兴趣不下降为宜。

【活动变式】可以让孩子将纸团扔向胶带，让纸团粘在胶带上。

【温馨提示】家长与孩子共同参与，也可比赛竞争，以增加趣味性。

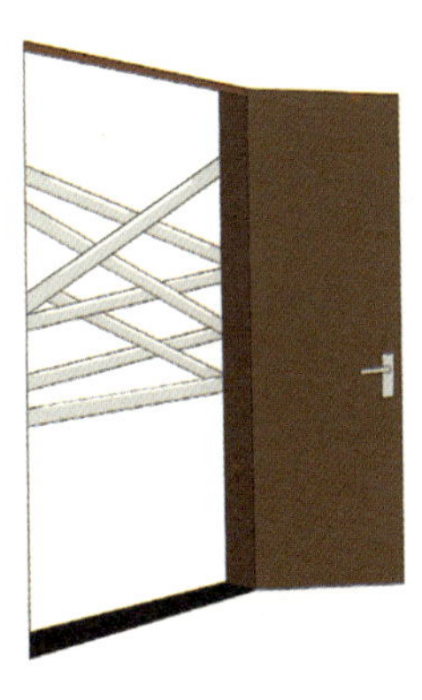

图1

图2

4. 小小套圈

【锻炼目的】体验亲子体育游戏的乐趣；能遵守套圈游戏的基本规则；提升手眼协调能力。

【锻炼方法】1 家长与孩子一起布置场地，将制作的小动物标志或玩具散放在场地上。

2 距玩具 3 ~ 5 米处设置投掷线，投掷时不许越线。

3 孩子手持圈站在投掷线后，瞄准想套住的玩具，将圈扔出。(见图)

【建议年龄】4 ~ 6 岁。

【场地器材】自制的立体小动物或玩具若干，自制彩圈若干。

【锻炼频次】每次 5 ~ 10 分钟，以孩子的兴趣不下降为宜。

【活动变式】孩子可以与家人比赛进行套圈游戏。

【温馨提示】家长注意提示孩子控制力度，并参与到游戏中。

5. 打保龄球

【锻炼目的】体验到家庭体育游戏的乐趣，增进亲子感情；提高幼儿上肢肌肉力量，发展投掷能力；锻炼手眼协调能力。

【锻炼方法】1 家长和孩子先用纸杯搭成同样的纸杯塔两座，间隔 3 ~ 5 米作为投掷线。（见图 1）

2 家长与孩子一起站在线后。

3 游戏开始后，家长与孩子分别用小球投掷各自的纸杯塔。谁投得准、投倒的纸杯多，谁获胜。（见图 2）

【建议年龄】3 ~ 4 岁。

【场地器材】各种小球（如棒球、软球、塑料球等）若干，纸杯若干。

【锻炼频次】每次 5 ~ 10 分钟，以幼儿的兴趣不下降为宜。

【活动变式】可调整投掷起始线距离；纸杯间间隔稍远。

【温馨提示】1 注意周围环境的安全，不放置易碎物品。

2 孩子既可以抛也可以投。

图 1

图 2

五 钻爬类体育游戏

1. 小熊搬家

【锻炼目的】体验亲子体育游戏的乐趣；能灵活运用手膝着地爬的方式进行游戏，提高身体协调能力。

【锻炼方法】1 创设情境，让孩子扮演一辆大货车，装载货物。

2 孩子在垫子上，俯身手膝着地爬。

3 家长将货物（玩具、图书等）放到孩子后背上，引导孩子爬行，保证货物不掉落，安全送到目的地。（见图 1）

【建议年龄】3 ~ 4 岁。

【场地器材】垫子、玩具、图书等若干。

【锻炼频次】每次 5 ~ 10 分钟，以孩子的兴趣不下降为宜。

【活动变式】在游戏过程中根据孩子能力变换爬行方式，可仰身爬或手脚爬。（见图 2）

【温馨提示】1 注意环境卫生，保持地面整洁。

2 鼓励孩子独立完成任务。

3 可以根据孩子的年龄、运动能力，适当设置障碍物。

图 1

图 2

2. 觅食的毛毛虫

【锻炼目的】通过游戏锻炼上肢与核心力量，提高身体协调能力。

【锻炼方法】1 家长和孩子一起布置场地，两个盒子相隔 5 米放好，其中一个盒子里放置若干沙包，呼啦圈放置于垫子下。

2 创设情境：孩子扮演毛毛虫，要去外边找吃的，并将盒子里的食物（沙包）带回家（另一个盒子）。过程中孩子要反复钻过山洞（呼啦圈）。

【建议年龄】4 ~ 5 岁。

【场地器材】垫子，沙包若干，呼啦圈 1 个，盒子 2 个。

【锻炼频次】每次 5 ~ 10 分钟，以孩子的兴趣不下降为宜。

【活动变式】在游戏的过程中变换爬行方式，如手膝爬、手脚爬。（见图 1、图 2）

【温馨提示】1 注意环境安全，及地面的整洁。

2 注意呼啦圈的大小，不宜过大。

图 1

图 2

3. 货轮过大桥

【锻炼目的】体验家庭体育游戏的乐趣；掌握多种爬行的动作，能在条件变化时使用适宜的爬行方式过大桥，提高身体协调能力和控制能力。

【锻炼方法】1 家长在场地中的不同位置分别趴好或躺好。

2 孩子扮演一个小货轮在场地中爬行，家长扮演大桥。在孩子需要通过的时候，家长要升起大桥（俯身的家长要隆起成桥，仰身的家长臀部升起与地面平行）。（见图 1）

3 孩子从家长的身体下方爬过。

【建议年龄】4 ~ 6 岁。

【场地器材】一块平整的场地。

【锻炼频次】每次 5 ~ 10 分钟，以孩子的兴趣不下降为宜。

【活动变式】在游戏的过程中家长可以收取一些过桥费，例如：把桌子上的小杯子运过来等。（见图 2）

【温馨提示】1 注意环境安全。

2 不要搬运尖锐物体。

3 注意玩耍过程中孩子的速度，不宜过快，避免冲撞。

图 1

图 2

4. 小老鼠运粮食

【锻炼目的】通过角色扮演游戏，体验亲子家庭体育游戏的乐趣；在手膝着地爬行中发展全身协调用力的能力，提高身体协调性。

【锻炼方法】1 创设情境：天气逐渐变冷，小老鼠家里没有吃的，要从外面往家里运粮食（从客厅一边搬到另一边）。

2 分配角色。孩子扮成小老鼠，家长将货物（玩具或粮食等）放到孩子后背上，引导孩子爬行，将货物送到目的地。爬行中货物不掉落。（见图）

【建议年龄】3 ~ 4 岁。

【场地器材】玩具或粮食等若干。

【锻炼频次】每次 5 ~ 10 分钟，以孩子的兴趣不下降为宜。

【活动变式】在游戏的过程中变换爬行方式，如手膝爬、手脚爬。

【温馨提示】1 注意环境卫生，保持地面整洁。

2 鼓励孩子独立完成任务。

3 可以根据孩子的年龄、运动能力，适当设置障碍物。

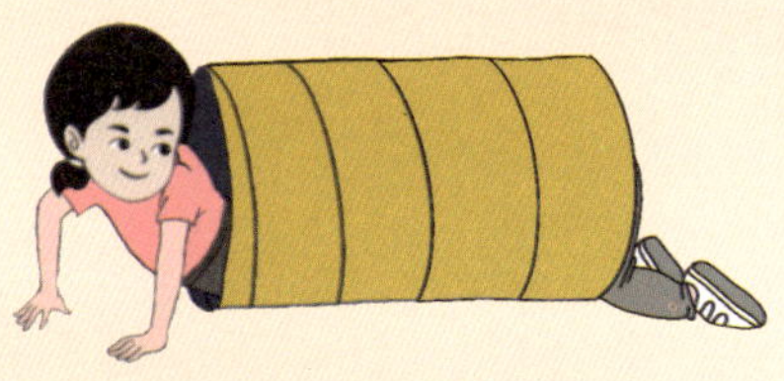

5. 百变洞洞钻爬乐

【锻炼目的】通过肢体的变换体验挑战带来的快乐；锻炼四肢活动的协调性和灵活性；提高身体平衡能力。

【锻炼方法】1 家长在场地的中心位置用身体做出不同造型的洞洞。

2 孩子扮演一只小熊猫，不断地钻爬洞洞。

3 家长观察孩子游戏的状态，不断地变换身体姿态使之变成不一样的洞洞。例如，双臂环抱、平板支撑、手膝着地、臀桥、单手单脚着地等不同的身体姿态（见图 1）。随后孩子从洞洞中不断钻爬通过。

【建议年龄】4 ~ 6 岁。

【场地器材】一块平整的场地。

【锻炼频次】每次 5 ~ 10 分钟，以幼儿的兴趣不下降为宜。

【活动变式】1 在游戏的过程中可以有更多的家庭成员参与其中，例如：两位家长一起用身体做洞洞。（见图 2）

2 变换角色，让孩子搭洞家长钻。

3 家长做移动的洞洞。

【温馨提示】1 注意环境安全。

2 变换洞洞时家长一定注意观察孩子的节奏，不宜过快容易冲撞。

图 1　　图 2

6. 勤劳的小蚂蚁

【锻炼目的】锻炼上肢与核心力量，提高身体协调能力。

【锻炼方法】1 布置场地：纸杯每 10 个一组，沿直线摆两条小路。

2 孩子和家长分别扮演小蚂蚁，手脚并用沿纸杯路爬行。（见图 1）

3 爬到终点后，家长扮演大蜘蛛，躺下高举双手做开合动作，双腿同时进行开合动作。此时，孩子手膝着地围绕家长爬行，不让蜘蛛粘到自己。（见图 2）

4 若被粘到，则重新围绕蜘蛛爬行。

【建议年龄】4 ~ 6 岁。

【场地器材】一块平整的场地，纸杯 20 个。

【锻炼频次】每次 5 ~ 10 分钟，以幼儿的兴趣不下降为宜。

【活动变式】在游戏的过程中家长可以变换身体姿势，并加入一些小任务。例如：在家长身上放小动物，孩子解救被困的小动物等。

【温馨提示】1 注意环境安全。

2 不宜拿尖锐物品。

3 注意玩耍过程中孩子的速度，不宜过快否则容易冲撞。

图 1　　图 2

六 攀登类体育游戏

1. 勇闯膝盖山

【锻炼目的】提升幼儿平衡能力，培养幼儿勇敢顽强的意志品质。

【锻炼方法】1 家长背靠墙壁，膝盖弯曲。（见图 1）

2 家长握住孩子双手，让孩子慢慢爬上自己的膝盖。

3 待孩子站稳的同时家长慢慢放开双手，让孩子自己展开双臂，提升其平衡感。（见图 2）

【建议年龄】5 ~ 6 岁。

【锻炼频次】每次 5 ~ 10 分钟，以孩子的兴趣不下降为宜。

【活动变式】在保证安全的情况下做一些不同的姿势。

【温馨提示】家长要保护好孩子，以免发生伤害事故。

图 1

图 2

2. 爬楼比赛

【锻炼目的】发展幼儿的力量和耐力，增进亲子感情，培养幼儿的逻辑思维能力。

【锻炼方法】1 家长与孩子一同站在楼梯的底端。

2 家长与孩子进行剪刀石头布的游戏，获胜的一方可以向上走 2 步，最快到达顶部的获得胜利。（见图 1、图 2）

【建议年龄】5 ~ 6 岁。

【场地器材】一段足够长的楼梯。

【锻炼频次】每次 5 ~ 10 分钟，以孩子的兴趣不下降为宜。

【活动变式】在游戏的过程中出示“剪刀”而胜利的可以向上走 1 步；出示“布”而胜利的可以向上走 2 步；出示“石头”而胜利的可以向上走 3 步。

【温馨提示】游戏过程中，家长要提醒孩子，不要在楼梯间蹦跳，要注意安全。

图 1

图 2

七 悬垂和支撑类体育游戏

1. 称小猪

【锻炼目的】体验家庭体育游戏的乐趣，增进亲子关系；增强上肢力量。

【锻炼方法】1 爸爸和孩子站在客厅中央。

2 爸爸一只手臂前平举，另一只手起辅助支撑作用。孩子双手挂在该手臂处，两脚离地。（见图 1）

3 孩子扮作小猪，爸爸大声报“1 斤、2 斤……10 斤”，直到数到 10 斤时孩子可放下两脚站好。（见图 2）

【建议年龄】3 ~ 6 岁。

【场地器材】宽敞的客厅。

【锻炼频次】3 ~ 5 次，以孩子的兴趣不下降为宜。

【活动变式】家长可以使用两只手臂，可以让幼儿数数，坚持数秒。

【温馨提示】1 提醒孩子做悬垂动作时不要身体晃动。

2 提醒孩子双手要紧紧抓住爸爸臂弯，不要突然松手。

图 1

图 2

2. 纸杯回收车

【锻炼目的】体验家庭体育游戏的乐趣，增进亲子关系；增强上肢与腰腹力量。

【锻炼方法】1 将纸杯散落在地面上。

2 让孩子做俯卧撑状，随后爸爸抓起孩子的两只脚，并抬到适当高度。（见图）

3 让孩子用手向前出发，一边走一边收集地上的纸杯，并逐个摞起来。

【建议年龄】4 ~ 6 岁。

【场地器材】纸杯若干。

【锻炼频次】每次 5 ~ 10 分钟，以孩子的兴趣不下降为宜。

【温馨提示】1 注意周边环境安全，无尖锐物体。

2 孩子双脚抬起一同向前出发时，爸爸要注意孩子的爬行速度。

3. 亲子支撑

【锻炼目的】增进亲子感情；发展上肢与躯干部肌肉力量，提高平衡能力。

【锻炼方法】家长可做平板支撑，孩子趴或躺在家长背上，一起做支撑。（见图）

【建议年龄】4 ~ 6 岁。

【场地器材】垫子。

【锻炼频次】每次 3 ~ 5 分钟，以孩子的兴趣不下降为宜。

【活动变式】1 椅子相对放置，距离为家长的腿长。家长坐在其中一把椅子上，把双脚放在另一把椅子上，双脚分开。

2 孩子双手扶在家长的小腿上，双脚离地，从家长双腿之间穿过。

【温馨提示】注意周边环境的安全，无尖锐物体。尽量多给予孩子鼓励，增加孩子的自信心。

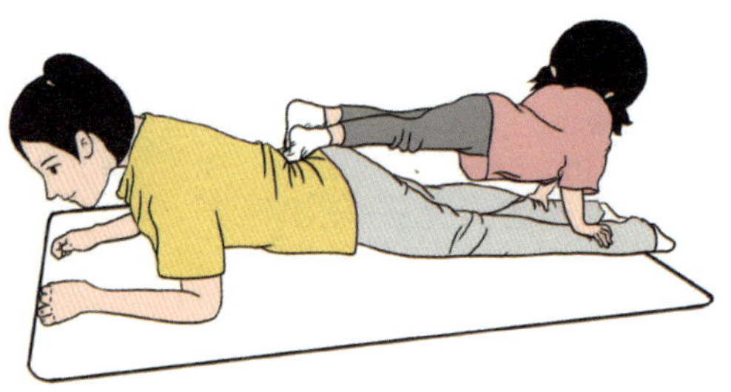

4. 推小车

【锻炼目的】体验亲子家庭体育游戏的乐趣，提高亲子合作能力；锻炼幼儿的上肢力量。

【锻炼方法】1 布置好起点和终点标志线。

2 孩子在地上手脚稳定支撑后，家长握住孩子的小腿慢慢提起，使孩子抬起头眼看前方，让孩子用手代替脚走路，一开始先慢慢适应。正式开始后每走 1 圈可以获得 1 个小玩具。(见图 1、图 2)

3 家长定好 1 分钟闹铃，时间到后让孩子自己数得到的玩具数量，击掌结束。

【建议年龄】4 ~ 6 岁。

【场地器材】2 个玩具筐（收纳盒）、玩具若干。

【锻炼频次】每次 5 ~ 10 分钟，以孩子的兴趣不下降为宜。

【活动变式】根据孩子完成情况适当增加难度，可以摆好一列塑料杯（纸杯），让孩子从头开始在上述动作的基础上再用一只手收纸杯，直至纸杯全部收完结束。

【温馨提示】1 家长要集中注意力，避免松手。

2 家长控制好行走速度。

3 每次时间不宜过长，时刻询问孩子状况，如有不适立即停止。

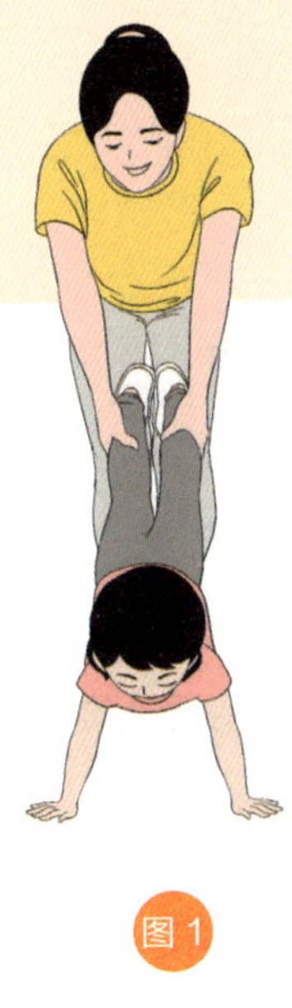

图 1

图 2

八 球类体育游戏

1. 左右开弓

【锻炼目的】体验球类游戏的乐趣；通过运球提高左右手协调能力，同时通过下蹲锻炼下肢力量。

【锻炼方法】1 将纸杯摆成一排，孩子手里拿着一个球站在起点处。

2 家长宣布开始后，孩子左手在地上滚动球向前进，右手将纸杯依次收集起来。（见图 1）

3 一轮游戏结束后，左右手互换再次游戏。（见图 2）

【建议年龄】4 ~ 6 岁。

【场地器材】皮球 1 个，纸杯若干。

【锻炼频次】每次 5 ~ 10 分钟，以孩子的兴趣不下降为宜。

【活动变式】1 多增加几排纸杯，锻炼转身能力。

2 熟练后可将滚球变成拍球前进。（见图 3）

【温馨提示】1 家长多给予鼓励。

2 协调性较弱的孩子可以慢一些，但是需要孩子自己独立完成。

3 协调性较强的孩子可以计时挑战，或与家长比赛。

图 1 图 2 图 3

2. 环“球”旅游

【锻炼目的】对日常的天气变化具有较好的认知能力；能听指令做动作，提高身体协调能力。

图 1

【锻炼方法】1 创设情景。家长与孩子一起开着小车（运球）去世界各地旅行。

2 运球过程中家长随机说出一种天气，随后家长与孩子一同做该天气相对应的动作。例如：下雨——将球举过头顶（见图 1）、打雷——坐在球上双手捂住耳朵（见图 2）、刮风——单脚踩住球站稳（见图 3）。

图 2

【建议年龄】3 ~ 5 岁。

【场地器材】皮球 2 个。

【锻炼频次】每次 5 ~ 10 分钟，以孩子的兴趣不下降为宜。

图 3

【活动变式】在游戏的过程中可以根据不同的情景使用不同的运球方式。

【温馨提示】1 注意周边环境的安全。

2 家长注意口令速度，不易过急、过快。

3. 传球过山车

【锻炼目的】感受家庭球类游戏的乐趣，愿意与家长一起做锻炼；具有较好的空间感知觉能力，能灵活地传导球，动作灵敏协调。

【锻炼方法】1 篮子相隔 5 ~ 10 米，将球放置在其中一个篮子中。

2 家庭成员站在场地中间，游戏开始后，排在第一名的孩子，用双手持球从身体左侧传给家长，随后跑到队尾等待接球，以此类推，直到将球全部运送到另一个篮子中。(见图)

【建议年龄】4 ~ 6 岁。

【场地器材】皮球若干，篮子 2 个。

【锻炼频次】每次 5 ~ 10 分钟，以孩子的兴趣不下降为宜。

【活动变式】在游戏的过程中可以根据实际情况改变行进方向或传接球方式，如胯下、头上。

【温馨提示】1 家长注意观察游戏过程中孩子传球是否正确。

2 动作熟练以后，可以进行计时挑战。

4.“抬花轿”

【锻炼目的】体验亲子游戏的乐趣；提升平衡能力，增强对物体操控能力。

【锻炼方法】1 布置场地，将球放置到距离起点 5 ~ 7 米处。

2 家长双手交错相搭成“花轿”，抬起孩子跑至对面。（见图 1、图 2）

3 跑至球前时家长蹲下，孩子脚不能落地，从地上抱起 1 个球后，家长抬起孩子一起返回。（见图 3）

4 直至把 4 个球运回为止。

【建议年龄】4 ~ 6 岁。

【场地器材】球 4 个。

【锻炼频次】每次 5 ~ 10 分钟，以孩子的兴趣不下降为宜。

【活动变式】孩子与家长分别站在两边，沿地面互相推皮球。

【温馨提示】1 防止捡球时身体失衡而跌倒。

2 对于胆大的孩子家长在“抬花轿”时，可以适当地增加颠簸幅度。

3 对于胆子小的孩子，家长要注意动作幅度的大小。

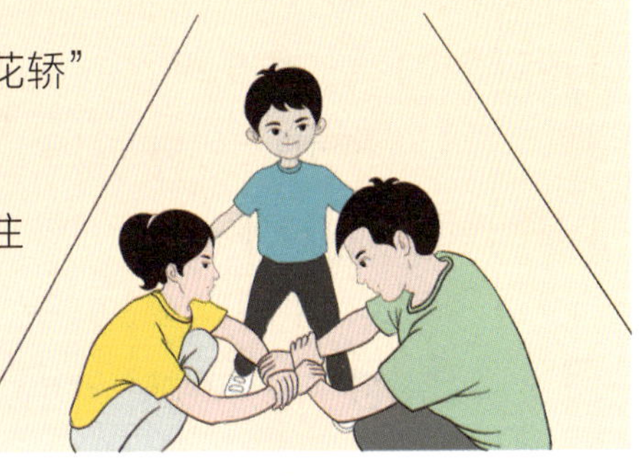

图 1

图 2　图 3

5. “排球”小将

【锻炼目的】体验亲子体育游戏的乐趣；在拍击、追赶气球中锻炼上肢力量和对物体的操控能力。

【锻炼方法】1 将气球轻轻抛向空中，家长和孩子轮流用手拍或用头顶气球，尽量不让气球落地。

2 待孩子熟悉球性后，爸爸、妈妈分别抓牢一根细绳的一端，举到适当高度当球网。

3 孩子站在距球网 3 米处，用力拍击气球，直到把气球打过“球网”为止。（见图 1）

【建议年龄】4 ~ 6 岁。

【场地器材】气球 1 个，细绳 1 根。

【锻炼频次】每次 5 ~ 10 分钟，以孩子的兴趣不下降为宜。

【活动变式】增加难度，将细绳固定在一定高度处，孩子在一侧，妈妈在另一侧，将气球互相拍击过线。（见图 2）

【温馨提示】1 注意周边环境的安全。

2 对不同年龄的孩子，细绳的高度可以适度调整。

3 待孩子熟悉球性后，可以更换气球的大小。

图 1

图 2

6. 送乒乓球回家

【锻炼目的】感受趣味体育游戏的乐趣；提高幼儿肺活量；培养幼儿的物体操控能力，提升空间感知觉。

【锻炼方法】1 孩子拿着一个乒乓球站在桌子的一边，家长则拿着杯子站在桌子的另一边，让杯口抵在桌子边缘处。（见图 1）

2 孩子将乒乓球放在桌子上，随后用嘴吹乒乓球，将球吹到家长端的杯子里。（见图 2）

3 可交换角色玩数次。

【建议年龄】3 ~ 4 岁。

【场地器材】乒乓球若干，杯子 1 个，桌子 1 个。

【锻炼频次】每次 5 ~ 10 分钟，以孩子的兴趣不下降为宜。

【活动变式】1 家长可以站在桌子的不同方位。

2 家长可以匀速地移动杯子。

【温馨提示】1 家长应教孩子如何用力吹气，怎样轻轻吹起，并不断鼓励孩子。

2 过程中所有人都不能用手触碰乒乓球。

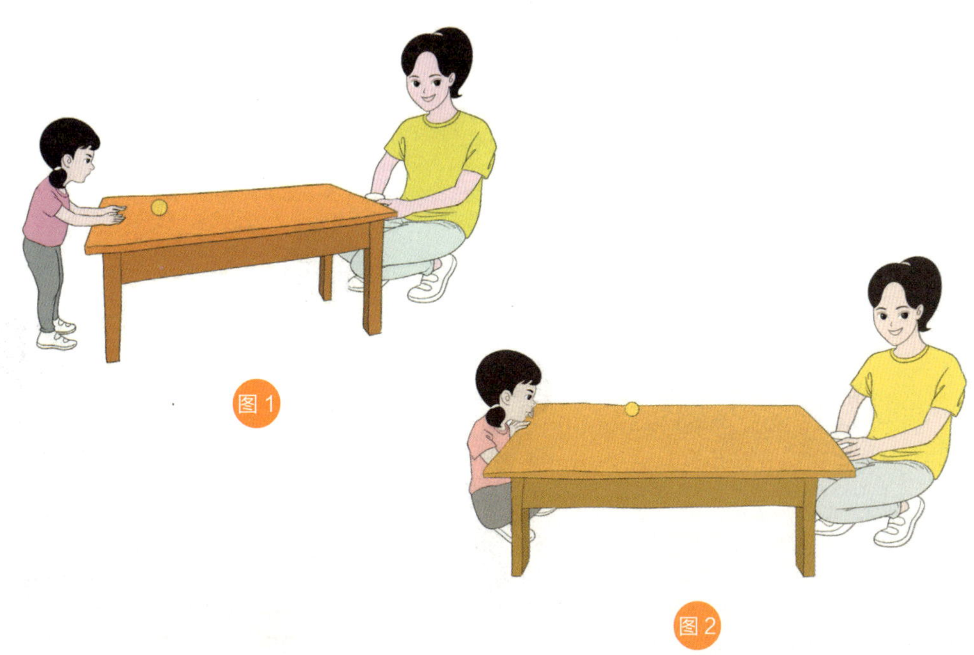

图 1

图 2

7. 永不落地

【锻炼目的】通过拍或顶气球发展手眼协调能力，提高下肢力量。

【锻炼方法】1 妈妈边抛球，边引导孩子判断气球下落时的位置，两人轮流用手向上击球，保持气球不落地。（见图 1、图 2）

2 可以使用拍击或头顶球的方式进行。

3 为增加趣味性，使气球落地的人需要表演一个节目。

【建议年龄】3 ~ 5 岁。

【场地器材】气球若干，一块平整场地。

【锻炼频次】每次 5 ~ 10 分钟，以孩子的兴趣不下降为宜。

【活动变式】在游戏的过程中可以变化击球部位，如头、胳膊、腿；或变化击球动作，如跳起击球、蹲姿击球等。

【温馨提示】1 注意周边环境安全，不要有尖锐物体。

2 地面平整、整洁，无障碍物。

图 1

图 2

8. 筷子夹球

【锻炼目的】体验家庭体育游戏的乐趣；发展手部小肌肉；锻炼手眼协调能力。

【锻炼方法】1 将碗分别摆在相隔 3 米的桌子上，其中一个碗里放满乒乓球。（见图 1）

2 开始后孩子用筷子每次从放球的碗里夹起 1 个球，并将其运送到另一个碗里，当球中途掉地需就近夹起后继续运球。（见图 2）

3 直到将球全部夹到另一个碗里为止。游戏可玩数轮。

【建议年龄】4 ~ 6 岁。

【场地器材】乒乓球或纸球（直径约为 3 厘米）若干，筷子 1 双，碗 2 个。

【锻炼频次】每次 5 ~ 10 分钟，以孩子的兴趣不下降为宜。

【活动变式】1 根据实际情况改变桌子之间的距离。

2 将乒乓球换成黄豆等直径小的常见物品。（见图 3）

【温馨提示】1 孩子需独立完成任务，父母多鼓励。

2 孩子熟练动作以后可以增加障碍物，以提升孩子的注意力。

图 1

图 2

图 3

9. 精准空投

【锻炼目的】体验亲子合作体育游戏的快乐；发展幼儿手部小肌肉；锻炼手眼协调能力。

【锻炼方法】1 家长和孩子面对面而坐，将一个纸杯放在两人之间的地面上，每人两只手分别拉住两根绳子的一端，并拉紧。

2 开始后将乒乓球放在两根绳子上，并使其在绳子上移动，孩子需要调整绳子间距离，使其掉入杯子中。（见图 1）

【建议年龄】5 ~ 6 岁。

【场地器材】乒乓球或网球若干，纸杯 1 个，绳子 2 根。

【锻炼频次】每次 5 ~ 10 分钟，以孩子的兴趣不下降为宜。

【活动变式】1 更换粗细不一样的绳子。

2 多摆放几个杯子，依次空投入多个杯子中。（见图 2）

【温馨提示】1 家长注意引导孩子如何控制小球速度。

2 动作熟练后可计时或进行比赛，以提高孩子的专注力。

图 1　　图 2

10. 保护“蛋宝宝”

【锻炼目的】能通过夹物双脚跳跃提高下肢肌肉力量；发展身体平衡与协调能力。

【锻炼方法】1 创设情景。孩子扮演鸡妈妈，为了躲避黄鼠狼，鸡妈妈要保护蛋宝宝（双腿夹着气球），跳来跳去。（见图 1）

2 家长可以给孩子不同的指令，比如：向前跳、向后跳、向左横跳、向右横跳、跳过某一个障碍物。（见图 2）

3 游戏中要求孩子要保护好蛋宝宝，一旦气球落地，则游戏失败，需要再次进行。

【建议年龄】3 ~ 4 岁。

【场地器材】气球若干，障碍物若干。

【锻炼频次】每次 3 ~ 5 分钟，以孩子的兴趣不下降为宜。

【活动变式】在游戏的过程中爸爸或妈妈可扮演黄鼠狼的角色，捡取掉落的气球，看孩子在规定数量的运输中能完成多少个。

【温馨提示】1 注意周边环境的安全，无尖锐物体。

2 家长在发指令时注意频率，应当在孩子完全结束上个口令的动作以后再发令。

3 障碍物的大小可根据不同年龄、不同运动能力的孩子加以设定。

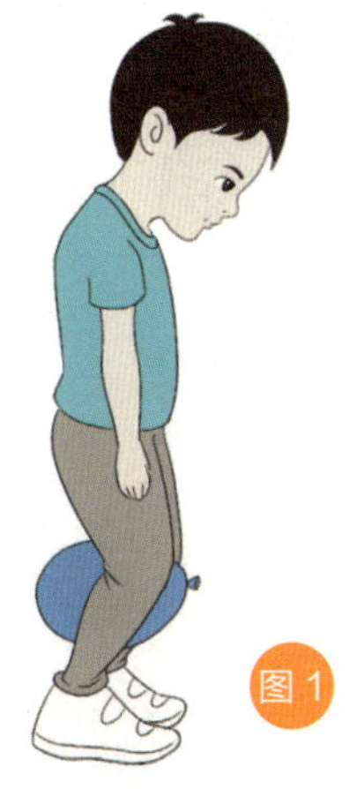
图 1

图 2

11. 亲子传球

【锻炼目的】体验亲子合作参加体育游戏的乐趣，增进亲子感情；通过传接球发展幼儿的小肌肉；锻炼手眼协调能力。

【锻炼方法】1 家长和孩子面对面一起滚球传球。

2 随着游戏进行逐步增加难度，例如：抛球相互传球、击地传球、背对背传球（见图 1、图 2），上下传球等。

【建议年龄】4 ~ 6 岁。

【场地器材】1 个足球或篮球。

【锻炼频次】每次 5 ~ 10 分钟，以孩子的兴趣不下降为宜。

【活动变式】在游戏的过程中可以在保证传球顺利的情况下，采取一些不同的传球方式，激发孩子的创新能力。

【温馨提示】活动前家长要和孩子一起活动手指和手腕，以免接球不当造成手部戳伤。

图 1

图 2

九　综合类体育游戏

1. 花样玩跳绳

【锻炼目的】培养幼儿养成爱运动的好习惯；发展幼儿平衡、手脚协调能力。

【锻炼方法】1 过小河：将跳绳拉伸放在地上，让孩子踩着跳绳模拟过小河，期间可以引导孩子不要掉入河中。（见图 1）

图 1

2 小蛇来了：家长手持跳绳左右摆动，类似扭动的小蛇，引导孩子要灵活躲闪。（见图 2）

图 2

3 开小火车：将长绳套在孩子胸前或者腹部位置，孩子以直立或者四肢着地的形式运动，家长可适当用力，让孩子负重前行，以发展孩子的全身力量。游戏时可以让孩子在家里面自由行动，如去客厅、去厨房、去卧室，也可以配上儿歌“呜呜呜，火车开动了，咔嚓咔嚓，呜——（长声一次）”同时说“客厅到了”。依此类推。（见图 3）

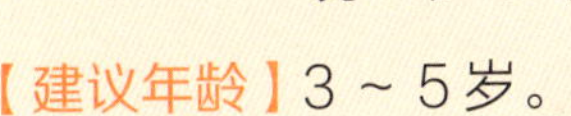

【建议年龄】3～5 岁。

【场地器材】1 根跳绳。

【锻炼频次】每次 5～10 分钟，以孩子的兴趣不下降为宜。

【活动变式】在游戏的过程中家长可增加一根跳绳，父母配合搭山洞，让孩子钻爬。

图 3

【温馨提示】1 注意四周环境的安全，四周无尖锐物体。

2 父母进行辅助时注意力量的协调。

3 可适当增加障碍物。

2. 穿越封锁线

【锻炼目的】体验到家庭体育游戏的乐趣；发展幼儿身体平衡能力；锻炼手眼协调能力。

【锻炼方法】1 用胶带把塑料绳粘贴在地面上当作不同高度的“激光线”，模拟一个小士兵要穿越敌人封锁线的场景。

2 引导孩子穿越封锁区，家长在游戏过程中监督孩子身体不能碰到红绳，看看孩子能否成功到达终点。(见图 1、图 2)

3 角色可互换，依次进行数轮。

【建议年龄】5 ~ 6 岁。

【场地器材】胶带、红色塑料绳若干。

【锻炼频次】每次 5 ~ 10 分钟，以孩子的兴趣不下降为宜。

【活动变式】根据实际情况调节绳子的高度与密度。

【温馨提示】1 红绳中间无障碍物或尖锐物体。

2 动作熟练后可以进行计时或是比赛，以增加趣味性。

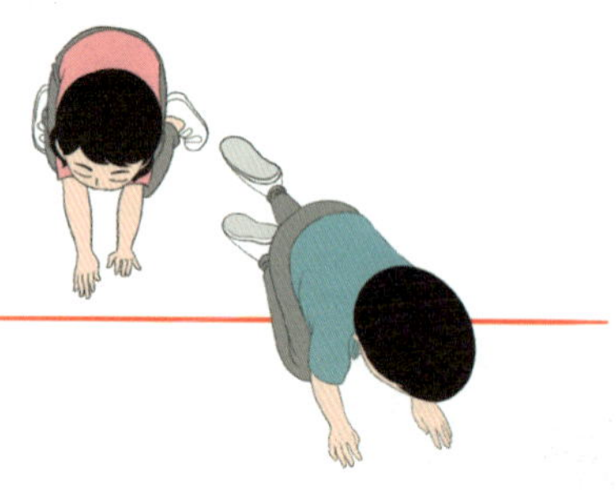

图 1

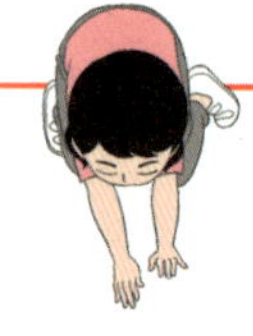

图 2

3. 躲避大河马

【锻炼目的】感受亲子体育游戏的乐趣，增进亲子感情；锻炼幼儿手眼协调能力。

【锻炼方法】1 家长和孩子面对面而坐，家长的双手竖向打开变成河马的大嘴巴，击掌闭上大嘴巴。（见图 1）

2 孩子的双手横向打开变成小淘气。河马开合大嘴巴，小淘气则要躲避大河马的大嘴巴。

3 游戏可互换角色玩数次。

【建议年龄】3 ~ 4 岁。

【场地器材】一块平整的室内空间。

【锻炼频次】每次 5 ~ 10 分钟，以孩子的兴趣不下降为宜。

【活动变式】在游戏的过程中，亲子二人可以用脚代替手进行游戏。（见图 2）

【温馨提示】家长应注意动作的幅度和频率。

图 1

图 2

4. 抢椅子

【锻炼目的】感受家庭亲子游戏的快乐，增进亲子感情；能根据口令快速做出相应动作；培养幼儿遵守游戏规则的意识。

【锻炼方法】1 妈妈和孩子站在椅子两边，爸爸快速说出简单的动作名称，如踢踢腿、弯弯腰、拍拍手、点点头、拍拍肩、捏捏腿、抢椅子。(见图1～图3)

2 当爸爸说道“抢椅子”时，妈妈和幼儿要迅速抢椅子坐下，先抢到椅子者可获得一个小玩具。

3 进行多次游戏后，谁得到的玩具多即获胜，击掌结束。

【建议年龄】4～6岁。

【场地器材】1把椅子，玩具若干，塑料盒（小盆），笔（筷子、木棍）。

【锻炼频次】每次5～10分钟，以孩子的兴趣不下降为宜。

【活动变式】可以在椅子上放一个倒扣的塑料盒和笔，当说道“敲鼓”时看谁最先敲响塑料盒。

【温馨提示】1 注意周边环境的安全，周围不放置尖锐和易碎物品。

2 抢椅子时家长注意力度和速度的控制。

3 孩子做不出动作时，请孩子模仿。

图1

图 2

图 3

5. 骑大马

【锻炼目的】体验家庭亲子体育游戏的乐趣；在模拟骑大马过程中锻炼幼儿的平衡力，塑造勇敢、顽强的优秀品质。

【锻炼方法】1 爸爸将双手、双脚、双膝撑在地上，做出四肢跪膝撑地的姿势。（见图 1）

2 让孩子爬上爸爸的背，扮演小小马术师骑大马。

3 爸爸由跪姿变站姿，孩子骑在爸爸的背部正中央，模仿杂技团的马术师。

【建议年龄】4 ~ 5 岁。

【场地器材】瑜伽垫。

【锻炼频次】每次 5 ~ 10 分钟，以幼儿的兴趣不下降为宜。

【活动变式】在游戏的过程中亲子一起完成一些难度适当的亲子瑜伽动作。（见图 2）

【温馨提示】该游戏较为危险，家长注意做好安全防护。

图 1

图 2

6. 听我指挥

【锻炼目的】体验家庭体育游戏的乐趣；能听指令做动作，在闭目行进中提升平衡能力，同时发展空间感知觉能力。

【锻炼方法】1 将生活中常见的物品摆放在家里的某处位置，中间可以适当设置一些障碍物。

2 用眼罩蒙住孩子眼睛，开始后孩子要在场地中寻找家长所说的物品（见图 1、图 2）。

3 在孩子寻找的过程中，家长要不断地提示孩子如何行动，如向前走 10 步、迈过小椅子等。

【建议年龄】4 ~ 6 岁。

【场地器材】各种生活物品若干，眼罩或口罩 1 个。

【锻炼频次】每次 5 ~ 10 分钟，以孩子的兴趣不下降为宜。

【活动变式】可以一次性将所有指令全部下达完毕后再让孩子出发。

【温馨提示】1 活动前注意周围环境安全，无尖锐物体。

2 在游戏的过程中，家长要默默地在孩子身边保护。多给予孩子鼓励，使孩子勇敢、独立完成。

图 1

图 2

第三节

感觉统合训练

感觉统合训练部分分为触觉功能训练、本体感觉功能训练、前庭功能训练以及精细动作训练。游戏包含了粗大动作和精细动作，目的是让孩子通过专门的感觉统合训练游戏，刺激孩子的触觉、本体、前庭等感觉功能，促进综合性发展。

一　触觉功能训练

1. 按摩小脚丫

【锻炼目的】通过赤足走在小石子或沙子路上，感受皮肤与外界物体触觉刺激，提高触觉功能。

【锻炼方法】让孩子光脚在小石子路上，沙池或球池中玩耍。(见图)

【建议年龄】3 ~ 6 岁。

【场地器材】小石子路、沙池（球池）。

【锻炼频次】每次 15 分钟左右。

【活动变式】玩耍过程中进行障碍性游戏，增加困难，增强触觉刺激。

【温馨提示】1 注意场所的卫生和安全。

2 注意依据孩子运动能力选择不同高度或宽度的障碍物，例如 3 岁可以选择矿泉水瓶，6 岁可选择 30 厘米左右高的小凳子。

2. 相扑比赛

【锻炼目的】通过外部力量，加深皮肤与外界物体的触觉刺激，提高触觉功能；可以略增加孩子的挫败感，培养孩子坚持不懈的优秀品质。

【锻炼方法】1 家长和孩子依次环抱瑜伽球。（见图 1）

2 在听到指令后开始相互推挤，听到结束后停止。（见图 2）

【建议年龄】4 ~ 6 岁。

【场地器材】瑜伽球或触觉球。

【锻炼频次】每次 3 组，每组练习 3 ~ 5 分钟左右。

【活动变式】1 开始时不设置比赛形式，孩子可以增加助跑，家长力度要适中。

2 较为熟练后可以进行比赛。设置各自领域，在规定时间内站在自己领域的一方为胜利者。

图 1 图 2

【温馨提示】1 注意四周没有尖锐物体或障碍物。

2 家长力度要适中，注意多鼓励孩子。

3. 打地鼠

【锻炼目的】通过隧道与身体接触产生摩擦，改善触觉敏感不足及身体调节不良；游戏过程中的钻爬动作增强前庭系统的刺激和调节；增加家长与孩子活动时间，增进亲子间的感情。

【锻炼方法】孩子钻进阳光隧道中，可以从不同的洞口爬出，也可以从中间的洞口探头。家长根据孩子爬行的隧道判断出口，用手中的气球轻轻拍打探出头的小地鼠。（见图 1、图 2）

【建议年龄】3 ~ 6 岁。

【场地器材】阳光隧道，气球或毛绒玩具。

【锻炼频次】不同难度的练习，每种 10 分钟左右。

【活动变式】1 年龄小的孩子可以玩躲猫猫，即在隧道中爬行。

2 若孩子爬行速度慢，家长可以给予激励和指导（可以用手触摸到隧道中的孩子）。

3 孩子爬行速度快时可在每一个洞口放置粮食（小的玩具），让孩子扮作小老鼠进行偷食，家长作为农夫打地鼠。

【温馨提示】1 注意周边环境的安全，无尖锐物体。

2 保证阳光隧道的卫生与整洁。

3 家长注意力度。

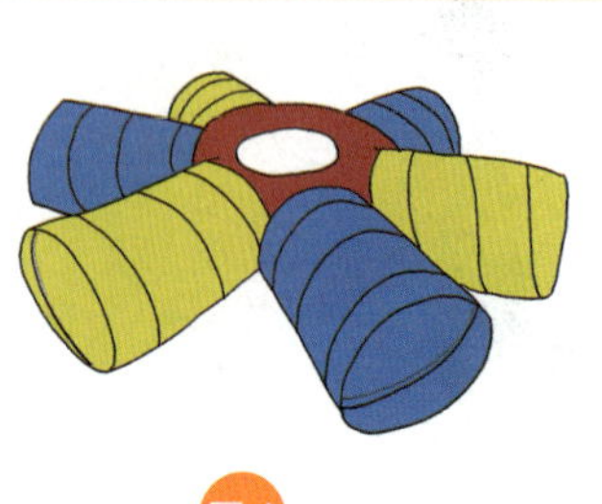

图 1

图 2

4. 压力感受器

【锻炼目的】通过外部力量，加深皮肤与外界物体触觉刺激；提高触觉功能和抑制神经兴奋的程度。

【锻炼方法】1 让孩子仰卧或俯卧在垫子上，用瑜伽球在其身上滚动。（见图 1、图 2）

2 若孩子喜欢这样玩，可尝试加重一点儿压力。

【建议年龄】3 ~ 6 岁。

【场地器材】垫子，瑜伽球或触觉球。

【锻炼频次】每次 3 组，每组 3 ~ 5 分钟。

【温馨提示】1 注意不能按压头部。

2 不同孩子承受能力不同，在按压过程中家长要不断地询问孩子的感觉。

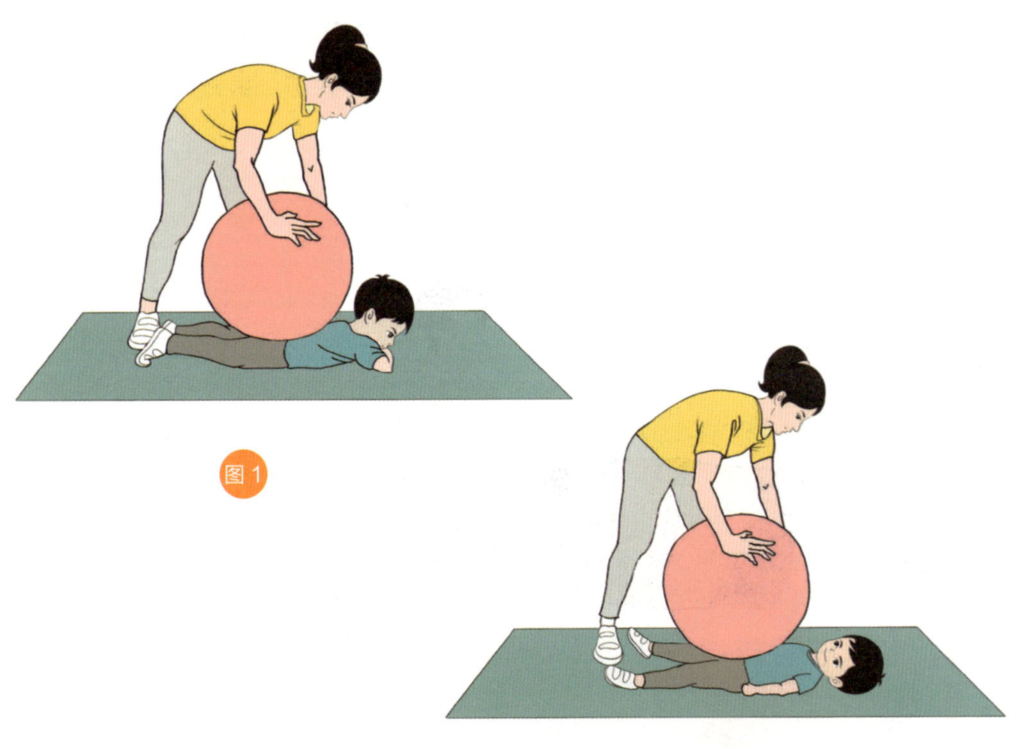

图 1

图 2

5. 钻爬我最快

【锻炼目的】滑梯或阳光隧道与身体之间的摩擦可以改善触觉敏感或不足；进行多样的爬行活动以调节前庭感觉；增加孩子身体活动时间，提升孩子身体健康水平且促进亲子感情。

【锻炼方法】让孩子正向爬，或是以脚在前面的方式进入隧道，四肢仰卧支撑穿过隧道。（见图）

【建议年龄】3～6岁。

【场地器材】阳光隧道（滑梯）。

【锻炼频次】每次练习10分钟左右。

【活动变式】对于年龄较小的孩子可能害怕或不理解要求，家长可以先培养孩子对隧道的兴趣，如把球或是其他圆状物体滚到隧道里，鼓励孩子爬进去捡球，表扬孩子勇敢尝试。

【温馨提示】
1 对于胆小的孩子要多给予鼓励和正确地引导。
2 孩子玩耍时家长要一直协助或是站在旁边，不能只留孩子一个人。
3 孩子做俯卧下滑时，家长要对孩子做好保护。家长要站在滑梯最底端，提醒孩子抬头或是手撑。

6. 揉面团

【锻炼目的】通过外力的滚动和揉搓，增加孩子对外界的触感，改善触觉敏感或不足；通过滚动动作，增强前庭系统的刺激和调节。

【锻炼方法】让孩子钻到阳光隧道里，并用手指张开保护脸部，家长在一旁轻轻地慢速滚动隧道。（见图 1、图 2）

【建议年龄】3 ~ 6 岁。

【场地器材】阳光隧道。

【锻炼频次】不同难度的练习每种 10 分钟左右。

【活动变式】1 开始时，家长晃动幅度要小，并与孩子进行语言交流。

2 当孩子适应晃动时，家长可稍加快速度，但要注意孩子的身体、声音的反应。如有不适，应立即停止。

【温馨提示】1 开始时家长可伸手到隧道里抚摩孩子的身体，舒缓孩子的紧张情绪，并且要和孩子说话。

2 如果孩子有不适感觉，家长应立即停止并协助孩子从隧道中钻出来。禁止强求让孩子待在隧道里，或说打击孩子的话语。

3 给予必要的身体触摸和口头鼓励。

图 1

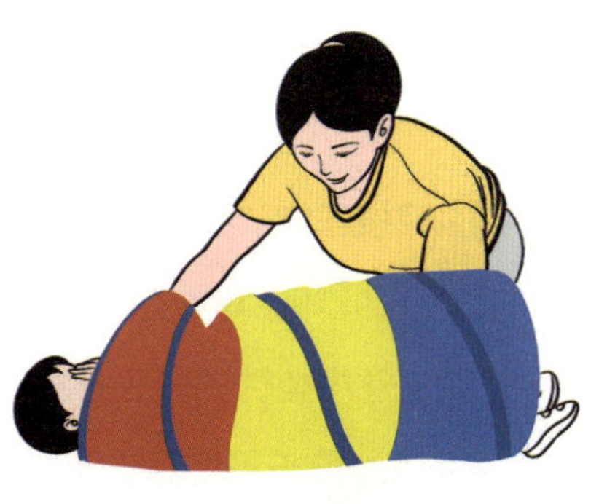

图 2

7. 挠痒痒

【锻炼目的】通过外界皮肤的接触，增加触觉刺激，改善触觉敏感，提升触觉功能。

【锻炼方法】用卷发梳、吹风机和毛刷，分别刺激孩子的后背。（见图）

【建议年龄】3～5岁。

【场地器材】卷发梳、吹风机和毛刷。

【锻炼频次】每次3组，每组3～5分钟。

【活动变式】1 对于较为敏感的孩子，可以隔一层衣服，不直接接触孩子的皮肤。

2 对于敏感程度不同的孩子，刺激时间长短可不同。对于特别胆小、敏感程度较高的儿童，皮肤接触时间可短一些。

【温馨提示】1 注意用于接触孩子皮肤的器材要保持卫生。

2 如果孩子不愿意，不能强迫进行。

3 毛刷要软，吹风机用轻风挡。

8. 洗澡澡

【锻炼目的】通过触觉球接触，增加触觉刺激，缓解触觉敏感；通过外力的增加提升孩子对外界的感受，调节神经兴奋程度。

【锻炼方法】家长用触觉球在孩子身上进行边按压边滚动，并且用不同力度按压，强化触觉刺激。（见图）

【建议年龄】3～4岁。

【场地器材】小型触觉球。

【锻炼频次】每次3组，每组3～5分钟。

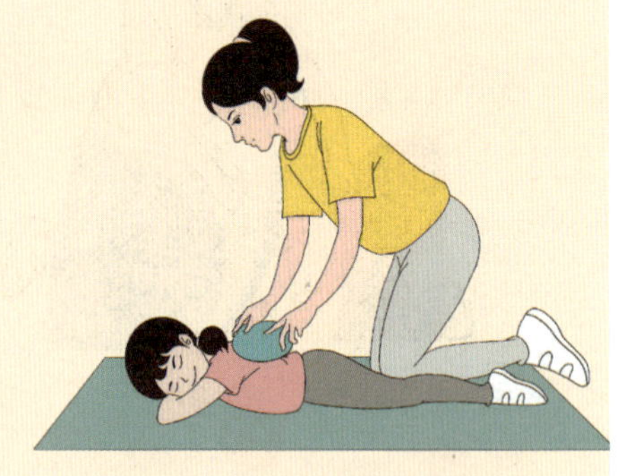

【活动变式】1 只按压背部肌群或股后肌群。

2 增加脚底部位的按压。

【温馨提示】1 注意小型触觉球卫生。

2 如果孩子不愿意，不能强制性进行。家长可以边按压边讲故事，或边做游戏。

二 本体感觉功能训练

1. 赶鸭子

【锻炼目的】通过幼儿对外界物体的操控能力，锻炼手、眼和身体的动作协调能力，同时提升幼儿专注力；通过比赛或计时的方式，增强幼儿的竞争意识。

【锻炼方法】把扫把杆或类似的玩具放在孩子的手里，让孩子推球向前行进。（见图 1）

【建议年龄】3 ~ 4 岁。

【场地器材】球、不尖锐的杆子。

【锻炼频次】每次练习 15 分钟左右。

【活动变式】1 环绕大圆桌子推球。

2 绕 2 ~ 3 个距离 1 米左右的障碍物走 S 形曲线进行推球。

3 绕 3 ~ 5 个不同距离的障碍物（注意障碍物间摆放的距离小于 1 米，但要能够让孩子和杆子通过）。（见图 2）

4 家长可以与孩子进行比赛，提升孩子的竞争意识；或可以计时，让孩子不断地进行挑战。

【温馨提示】1 手把手地教并不断地用口头提示孩子看前面扫把杆的运动轨迹。

2 转弯时家长要告诉孩子“正在转弯”，并纠正、帮助他转弯来控制方向。

图 1

图 2

2. 炸堡垒

【锻炼目的】学习向目标抛掷物或投掷物，通过不同距离的抛或投的动作，锻炼幼儿控制力度和感受力度的能力，从而锻炼幼儿的本体感觉能力和手眼协调能力。

【锻炼方法】将凳子倒过来，孩子与凳子有一定距离，把沙包或类似的玩具投掷（或抛掷）到凳子中。（见图 1、图 2）

【建议年龄】4 ~ 6 岁。

【场地器材】沙包或类似的小玩具、盒子、板凳。

【锻炼频次】每次 15 分钟左右。

【活动变式】1 开始时距离稍近一点儿，孩子站在距离盒子 1 步或 2 步处。

2 逐渐地把距离拉大。

3 再逐渐地把大盒子换成小一点儿的盒子。

【温馨提示】1 开始时可手把手地帮助孩子投掷。

2 熟练后只在孩子姿势错误时才给予帮助。

3 可以计算孩子投中次数，并给予一定的鼓励。

图 1

图 2

3. 小袋鼠跳跳跳

【锻炼目的】通过上下跳动锻炼下肢力量、改善身体协调性；在跳动过程中通过传接球感知来球方向，提高手眼协调能力和身体平衡能力。

【锻炼方法】在蹦床上进行上下跳动。

【建议年龄】3 ~ 6 岁。

【场地器材】蹦床。

【锻炼频次】每次 15 分钟左右。

【活动变式】1 孩子在蹦床上进行抛接球（如篮球），家长辅助。孩子在跳动过程中进行抛接球，开始抛接大球，熟练后抛接小球。抛接的同时可以左右走动，或稍微改变方向。（见图 1）

2 孩子在跳动过程中双手拍打气球。（见图 2）

【温馨提示】1 蹦床上没有任何物品，刚开始时家长拉着孩子双手进行辅助。

2 根据孩子的状况调节抛接球距离，不宜过近或过远。

3 抛接球的力度应由大到小，左右抛接球角度要适中不宜过大。

图 1　图 2

4. 摇摇马

【锻炼目的】通过摇摇马前后的摆动，提升孩子的身体控制能力，增强本体感觉。

【锻炼方法】让孩子坐在摇摇马上，前后摇摆。（见图 1、图 2）

【建议年龄】3 ~ 6 岁。

【场地器材】社区或公园的摇摇马。

【锻炼频次】每次 10 分钟左右。

【活动变式】1 开始时只做前后摆动，且幅度不宜过大。

2 幅度不断增大的同时，可以进行左右摇摆。

【温馨提示】1 年龄较小的孩子，家长要进行辅助，以保证安全。

2 摆动中要注意幅度，对于胆小的孩子要循序渐进。

3 对于年龄较大的孩子，可以左右摆动，但是注意孩子对身体的控制，避免摔落。

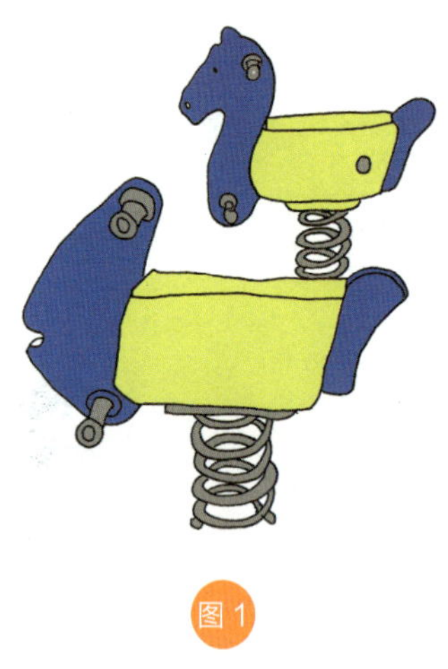

图 1

图 2

5. 足球宝贝

【锻炼目的】通过踢固定球，让孩子感知踢球的动作，提升身体控制能力；通过不同距离的踢球射门动作，提升孩子对不同力度的把握与感知，增强动作控制能力；通过大小不同的“球门”，增加游戏的难度，锻炼孩子的挑战意识。

【锻炼方法】1 在球原地不动时，让孩子将球踢出。（见图 1）

2 用标志筒设置球门，试着将球踢进球门。

【建议年龄】3 ~ 6 岁。

【场地器材】不同型号的球、标志筒 2 个。

【锻炼频次】每次 15 分钟左右。

【活动变式】1 先用中型固定不动的球练习，孩子的技巧熟练后再用小型球练习。

2 开始练习滚动中的球时，家长应以极慢的速度把球滚到孩子脚下，并示意孩子踢球。

3 熟练后应把球踢入固定位置，并且可在行进间踢球。（见图 2）

【温馨提示】1 必要时家长可给予孩子适当的身体帮助及提示，如家长站在孩子身后，一手扶着孩子的身体，一手推动孩子的右脚。

2 练习过程中，家长多给予孩子鼓励。

图 1　图 2

6. 独脚凳大挑战

【锻炼目的】通过独脚凳锻炼幼儿的平衡能力及协调性，通过不同角度的独脚凳抛接球增强幼儿的注意力，同时提升幼儿的空间感觉能力，建立前庭感觉机能。

【锻炼方法】让孩子坐在独脚凳上，双腿垂直，双手放在腿上，腰背挺直，身体保持平衡。

【建议年龄】4 ~ 6 岁。

【场地器材】独脚凳。

【锻炼频次】每次 15 分钟左右。

【活动变式】1 家长与坐在独脚凳上的孩子玩抛接球游戏，可以转换方向。（见图 1）

2 让孩子右脚向上踢并碰到手心。再换成左脚重复以上游戏。（见图 2）

【温馨提示】1 开始时家长可给予身体指导，帮助孩子学会保持平衡。

2 循序渐进地锻炼孩子的平衡能力，并多给予孩子鼓励。

3 确保环境的安全。

图 1　　图 2

7. 踩气球

【锻炼目的】通过踩气球进行躲闪训练，锻炼眼脚配合，增强协调能力和竞争意识。

【锻炼方法】1 两孩子每人脚踝上绑 1 个气球；（见图 1）

2 在固定区域内互踩气球，看谁的气球先被踩爆。（见图 2）

【建议年龄】4 ~ 6 岁。

【场地器材】气球 2 个、皮筋 2 条。

【锻炼频次】每次 3 组。

【活动变式】较为熟悉以后，可以不设置区域。

【温馨提示】1 家长注意根据自己孩子的状况来设定活动范围的大小。

2 在进行游戏时，注意周边环境的安全。

图 1

图 2

8. 穿越险地

【锻炼目的】在影响视觉的条件下，通过指令判断方向，锻炼孩子身体感知能力，增强本体感觉。

【锻炼方法】1 蒙上孩子眼睛，通过家长的口令（向前一步、向左一步、向右一步、后退一小步等）穿过障碍物。（见图 1）

2 可以先让孩子熟悉布置场地，再穿过大型障碍物。（见图 2）

【建议年龄】5 ~ 6 岁。

【场地器材】标志筒（塑料瓶）若干、凳子若干、海绵垫、枕头、蒙眼布或眼罩。

【锻炼频次】每次 5 ~ 8 分钟。

【活动变式】较为熟悉以后可以设置较为复杂的障碍物，如相隔 20 厘米左右的塑料瓶 20 ~ 25 个。

【温馨提示】1 家长只能用语言对孩子进行指导。

2 在进行游戏时，注意周边环境的安全。

图 1

图 2

三　前庭功能训练

1. 体操小能手

【锻炼目的】通过自行转跳大号敏捷圈，提升幼儿的控制能力；在跳动或是跨越过程中提升控制能力。

【锻炼方法】1 开始时把敏捷圈放低一点儿，家长帮助孩子握着敏捷圈。（见图 1）

2 熟悉后，家长让孩子用双手分别握着敏捷圈两边并把它放在正前方的位置。

3 然后把一只脚跨入敏捷圈，接着跨入另外一只脚，循环进行。（见图 2）

【建议年龄】3 ~ 4 岁。

【场地器材】敏捷圈。

【锻炼频次】每次 10 分钟左右。

【活动变式】1 高度稍微调高，要求孩子自己拿敏捷圈，必要时家长给予适当的帮助。

2 要求孩子双脚跨入后双手转动敏捷圈，把敏捷圈由后向前翻转到跨入前的位置（在身体的正前方）。（见图 3）

【温馨提示】1 如果孩子拒绝游戏，家长可以给孩子多做几次示范。

2 注意确保孩子的安全，给予适当的身体和口头帮助。

3 及时鼓励和表扬孩子。

图 1

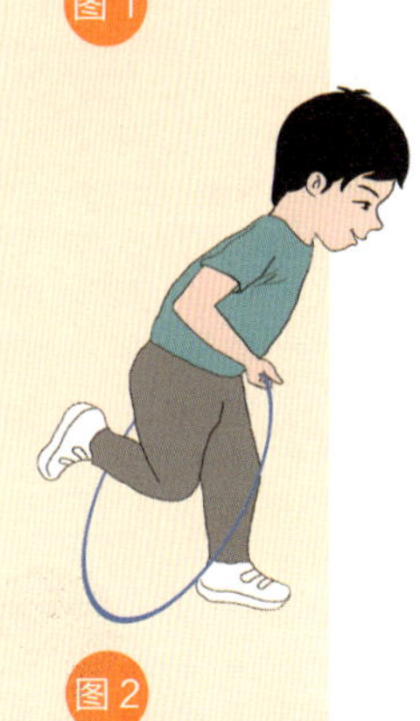

图 2

图 3

2. 快乐不倒翁

【锻炼目的】通过瑜伽球的不稳定性锻炼孩子的平衡能力，改善身体协调能力；在跳动过程中增强重力感的控制能力，刺激前庭功能。

【锻炼方法】1 协助孩子坐在瑜伽球上，若瑜伽球稳定，家长可以放手。鼓励孩子用屁股的力量做上下跃动。（见图 1）

2 孩子做前后、左右摇晃时，家长可以用手握住孩子双手（或拉着孩子的衣服），协助孩子保持身体平衡。（见图 2）

【建议年龄】3 ~ 4 岁。

【场地器材】瑜伽球或羊角球。

【锻炼频次】每次 15 分钟左右。

【活动变式】1 要求孩子能够单独完成。

2 可以播放孩子较喜欢的音乐，跟随音乐节奏跳跃。

【温馨提示】1 开始时家长可拉着孩子的双手给予辅助。

2 家长固定好瑜伽球，预防弹出。

3 胆小的孩子，家长应全程帮助，直到孩子可以自己完成。活动过程中家长要不断给予孩子鼓励。

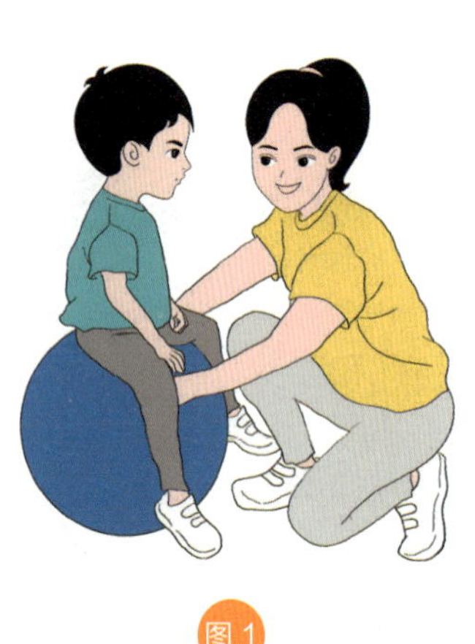
图 1

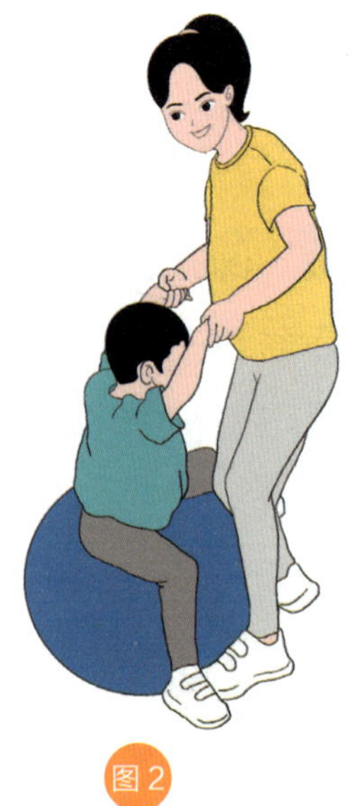
图 2

3. 我是小机长

【锻炼目的】通过沿不同宽度花园边缘的台阶行走，提升孩子的身体控制能力和平衡能力。

【锻炼方法】寻找不同高度和不同宽窄的花园边缘的台阶，可以让孩子双手平举沿着边缘台阶缓慢行走。（见图）

【建议年龄】3 ~ 4 岁。

【场地器材】花园边缘台阶。

【锻炼频次】每次 10 分钟左右。

【活动变式】1 开始时家长可以给予孩子辅助，行走稍短距离。

2 孩子熟练以后，家长只在旁边保护，鼓励孩子独立完成。

3 孩子独立完成的同时，要求孩子脚尖对脚跟依次进行，遇到一些凸出的花草，应跨越进行。

【温馨提示】1 胆小的孩子应多鼓励，开始时家长可拉着孩子的手缓慢进行。

2 孩子熟悉后，家长尽量不拉着孩子的手，可以拉住孩子的衣服进行辅助。

3 通过障碍时家长应做好保护，以防孩子摔倒。

4. 闯关大作战

【锻炼目的】通过不同的动作组合，锻炼孩子空间敏感性和下肢力量；通过不同难度的设置，提高孩子的兴趣，同时提升孩子的挑战意识和竞争意识。

【锻炼方法】在地上用不粘胶粘出（或画出）一条 S 形曲线，让孩子沿着曲线从一端走到另外一端。

【建议年龄】3 ~ 5 岁。

【场地器材】不粘胶或粉笔。

【锻炼频次】每次 15 分钟左右。

【活动变式】1 对于年龄较小的，可以只沿着直线走。距离约 6 米。

2 在曲线行走过程中，家长可辅助设置移动障碍，如穿过较小的呼啦圈。曲线距离 10 米左右。

3 在曲线行走过程中，中间设置多处固定关卡，如原地转圈（见图 1）后再沿曲线出发，原地小兔子跳，原地模仿出指定的小动物（见图 2）等。距离 15 米左右。

4 当孩子比较熟练后可以进行计时比赛。

【温馨提示】1 开始时家长可站在孩子的前面，拉着孩子的双手给予辅助。

2 设置障碍时，家长应给孩子详细说明并做出相应的动作示范。

图 1

图 2

3 鼓励孩子自己往前走，并在另一端放一个玩具或小食品，奖励孩子的尝试。如果孩子因为见到奖励物而不配合训练，则可以等孩子完成后再拿出神秘奖励物给予鼓励。

5. 我是小推车

【锻炼目的】通过俯卧于瑜伽球上身体的来回摆动，锻炼孩子身体控制能力，增强背肌力量；通过孩子对不同方向的控制，刺激前庭功能。

【锻炼方法】孩子趴在瑜伽球上，家长站在孩子后面双手紧握孩子的双脚，并将孩子的双脚抬至略高于瑜伽球的高度，缓慢地向前推、向后拉。活动过程中，要求孩子背部直。

【建议年龄】4 ~ 6 岁。

【场地器材】瑜伽球、不同颜色或不同形状的玩具。

【锻炼频次】每次 15 分钟左右。

【活动变式】1 开始阶段让孩子自己俯卧于瑜伽球爬动。（见图 1）

2 可以在瑜伽球前 1 米左右处放置不同颜色或不同形状的物体，向前推动时可以给孩子不同指令，让其拿指令的物体。（见图 2）

【温馨提示】1 开始时要缓慢进行，保证孩子前面没有任何尖锐物体。

2 家长要平衡好瑜伽球，不断地和孩子交流感觉。

3 孩子每次只能拿 1 个物体，并将拿回的物体放到固定位置。

图 1

图 2

6. 小小快递员

【锻炼目的】行走过程中通过对手中勺子的控制，锻炼身体的稳定性，提升自身控制能力；通过障碍物的设置，增加难度增进平衡能力和手部控制能力。

【锻炼方法】用勺子把乒乓球送到 2 米外的地方，中途尽量不掉落。(见图 1)

【建议年龄】4 ~ 6 岁。

【场地器材】乒乓球 8 ~ 10 个、勺子 1 把、不粘胶或粉笔。

【锻炼频次】每次 15 分钟左右。

【活动变式】1 开始时先让孩子在距离极短的两张桌子间传送，距离要便于孩子操作（不固定路线）。

2 用不粘胶在地上贴（粉笔画出）两条平行线，要求孩子必须在两条平行线内行走。

3 在两条平行线中设置有高度或宽度的障碍物，让孩子跨越过去。(见图 2)

【温馨提示】1 为提高孩子的兴趣，建议开始时家人和孩子一起参与游戏。

2 熟练后，可以进行计时。

图 1

图 2

7. 袋鼠跳

【锻炼目的】通过前后左右的跳动，锻炼幼儿的协调能力，增强下肢力量，强化前庭刺激。

【锻炼方法】孩子站在袋中，双手提起袋边，双脚同时向左前或右前跳，使其绕过障碍物（玩偶）。（见图）

【建议年龄】4 ~ 6 岁。

【场地器材】袋子 1 个、大小不同的玩偶或凳子若干。

【锻炼频次】每次 15 分钟左右。

【活动变式】
1. 要求分段跳，每次跳的距离较短；
2. 要求一次性跳 1 ~ 2 米；
3. 越过一定高度的障碍物。

【温馨提示】
1. 起初要求家长给予全程身体指导，直至孩子能够独立完成。
2. 障碍物不宜过高，孩子跳过障碍物时家长应给予保护。

8. 跳数字

【锻炼目的】通过视觉和听觉锻炼幼儿的反应能力，增强身体平衡能力。

【锻炼方法】在 A4 纸上写上数字 1 ~ 10。将写有数字的纸用不粘胶粘在地板上，让孩子从一个数字跨到另外一个数字上，以跨到纸张内为胜。（见图 1、图 2）

【建议年龄】3 ~ 6 岁。

【场地器材】A4 纸若干、笔、不粘胶。

【锻炼频次】每次 15 分钟左右。

【活动变式】1 如果孩子还不认识数字，可贴不同颜色的数字，然后让孩子按颜色跳或交叉跳。

2 让孩子按指定的数字跳或者按单、双数跳。

3 可玩双人游戏，如：指定数字跳、只跳单数或双数、连续跳、不可转身跳（不变换身体方向）等，以最快到达终点为胜。

【温馨提示】1 如果孩子跳跃技巧不成熟，家长可在开始时，握住孩子的双手或夹着孩子的腋下帮助跳跃。

2 如果孩子不懂或不遵守游戏规则，家长要随时给予身体或口头的提示。

图 1

图 2

四　精细动作训练

1. 五个小老头

【锻炼目的】通过控制手部的精细动作，促进精细动作分化，提升手部灵活性。

【锻炼方法】双手互搓手掌和手背各 20 次。（见图 1）然后双手手掌向上握拳，逐一伸出小指、无名指、中指、食指、拇指，再逐一扳下拇指、食指、中指、无名指、小指，成拳状。（见图 2）双手手掌向下，重复上述动作 3 次。

【建议年龄】3 ~ 4 岁。

【锻炼频次】每次 5 分钟左右。

【温馨提示】按照顺序依次进行，孩子的注意力要集中。

图 1

图 2

2. 大满贯

【锻炼目的】通过控制水流的大小，锻炼手部控制能力，增强注意力，同时提升幼儿的空间感觉。

【锻炼方法】1 家长准备 2 个空的矿泉水瓶，装一半水即可。

2 将一次性杯子放在平稳的凳子或桌子上，（见图 1）然后家长和孩子依次轮流向杯子中倒水，最终谁倒出的水从杯子中溢出，则谁输。（见图 2）

【建议年龄】4 ~ 6 岁 。

【场地器材】2 个空矿泉水瓶、1 个一次性杯子、水。

【锻炼频次】每次 8 分钟左右。

【活动变式】1 可以先向瓶盖、小酒杯中倒水。

2 熟练后再进行大满贯比赛。

【温馨提示】1 尽量在安静的环境中，保证孩子注意力集中。

2 游戏中家长尽量控制好自己倒出的水量，让孩子模仿。

图 1

图 2

3. 搓圆

【锻炼目的】通过揉面团锻炼幼儿的动手能力，通过搓、捏等动作提升幼儿的手指灵活性，促进手眼协调的发展。

【锻炼方法】1 让孩子用手抓面粉、加水、和面。做成大面团后，将大面团分成数个中面团，将中面团搓成长条，再捏断成 20 ~ 30 个小面团，然后双手将小面团搓成圆。（见图）

2 最后将所有的圆搓成大面团，放进面盆中。让孩子用湿毛巾将手擦干净后，再将桌面收拾干净。

【建议年龄】4 ~ 6 岁。

【场地器材】面粉适量、水适量、合适的桌子、面盆、毛巾。

【锻炼频次】每次 8 分钟左右。

【活动变式】1 开始搓的面团可以稍大一些，熟练以后逐渐变小。

2 可以捏出不同形状，拼成小动物、植物。

【温馨提示】家长一起参与，并且耐心指导孩子。

4. 我是小鞋匠

【锻炼目的】通过手部的穿孔动作，锻炼幼儿的手眼协调能力，提升幼儿的手指灵活性。

【锻炼方法】在厚纸板上用铅笔画出两只脚印，然后沿线剪下，在脚板中间部分的两边各打 4 ~ 6 个孔，用鞋带穿出几个交叉的线条后，打上蝴蝶结。（见图）

【建议年龄】4 ~ 6 岁。

【场地器材】厚纸板数张、长鞋带 2 条、短鞋带 2 条、铅笔、安全剪、打孔器。

【锻炼频次】每次 8 分钟左右。

【活动变式】开始操作时，家长可把穿线孔打得大一些、少一些，孩子较为熟练后家长再将穿线孔打得小一些、多一些。

【温馨提示】在操作过程中家长应全程看护和指导，尽量让孩子自己来完成。用完后的器材应放置在安全位置。

5. 我是闪电侠

【锻炼目的】通过判断来球的位置和速度，提升幼儿的反应能力、注意力，锻炼幼儿的空间感觉。

【锻炼方法】1 把桌子的一侧抬高，形成倾斜的平面。

2 家长从桌子较高侧依次放塑料球，使塑料球沿桌面滚下，同时孩子坐在桌子较低一侧用小碗等容器接住滚下来的塑料球。（见图）

【建议年龄】4 ~ 6 岁。

【场地器材】塑料球若干、桌子或茶几、小碗或奶粉罐。

【锻炼频次】每次 10 分钟左右。

【活动变式】1 开始时桌面的倾斜度较小，球滚动的速度较慢，使用的容器口径较大。

2 熟练后不断加大桌面的倾斜度；容器的口径逐渐变小。

【温馨提示】1 保证桌面的平稳和光滑。

2 根据孩子的反应能力来调整难度。

6. 拼图

【锻炼目的】通过视觉判断图片位置，加强幼儿的模仿能力，锻炼幼儿的视觉空间，提升注意力。

【锻炼方法】将空白 A4 纸对折 3 次，沿线撕成纸条，再将每条纸条随意撕成 5 片，最后将纸片拼回原来的样子。（见图）

【建议年龄】4 ~ 6 岁。

【场地器材】A4 纸若干张。

【锻炼频次】每次 15 分钟左右。

【活动变式】首先让孩子熟练拼图游戏，开始使用完整图案对照，熟练后让孩子单独完成拼图。

【温馨提示】纸张对折和撕开的动作尽量让孩子独立完成，家长用语言提示进行指导。拼图过程中家长应多给予鼓励。

7. 我是小画家

【锻炼目的】通过画画和剪纸动作，提升手部控制能力，锻炼孩子的视觉空间，提升注意力。

【锻炼方法】1 在 A4 纸上画出不同形状或不同动物的简笔画，再将画出的图形填充颜色；（见图 1）

2 然后用安全剪依次剪出相应的形状或图形。（见图 2）

【建议年龄】4 ~ 6 岁。

【场地器材】A4 纸若干张、安全剪、彩笔。

【锻炼频次】10 分钟左右。

【活动变式】1 如果不能画出图形，可以在成品图上填色和裁剪。

2 开始画出的图形可以稍大一些，熟悉以后图形要求减小。裁剪过程中尽量不过线。

【温馨提示】家长先给孩子做示范或指导孩子操作，尽量让孩子独立完成。家长尽量用语言提示而不是帮忙完成。

图 1

图 2

8. 我是小投手

【锻炼目的】通过控制手部力度，把握投球位置和方向，提升孩子手部控制能力和手眼协调能力。

【锻炼方法】1 家长将高低不同的杯子随意摆放。

2 让孩子站在距最近的杯子 2 米以外处，丢抛塑料球。让塑料球落在桌上，再反弹进入杯子。每个杯子只能装 1 个球。（见图 1、图 2）

【建议年龄】4 ~ 6 岁。

【场地器材】桌子、塑料球、高低不同的杯子或桶若干。

【锻炼频次】10 分钟左右。

【活动变式】1 开始可以用稍大口径的桶，熟练以后再换成纸杯。

2 塑料球数量由少到多。

3 熟练后可以进行计时比赛。

【温馨提示】数量可根据孩子状况进行适当调整。家长可以一起参与，活跃气氛，提高孩子的兴趣。

图 1

图 2

第 6 章

幼儿家庭体育锻炼：

整理放松部分

【锻炼目的】整理放松可以使练习者的心率恢复到或接近到静息时的心率，此时也是改善柔韧性的最佳时间。主动静力性拉伸是整理放松阶段很好的选择，可以使运动后处于较高温度的肌肉得到更好的拉伸，以保持肌肉纤维的适宜长度；同时可以避免因肌肉乳酸堆积所导致的肌肉酸痛，从而使肌肉恢复至最佳的状态。

【锻炼方法】静力性拉伸顺序为躯干肌、下肢肌到上肢肌。每个练习动作，要将目标肌肉拉伸到有明显牵拉感（但不可以是疼痛）时，再保持静力性拉伸。练习时，应保持自然呼吸。

1. 猫伸式

呈俯卧状，手和膝支撑在瑜伽垫（地毯或床单）上，使大臂与躯干的夹角为 90 度，大腿与躯干的夹角也为 90 度，收腹挺胸。头部在中正位上，将脊柱慢慢向上弓起，当背部肌肉有明显牵拉感时保持。（见图）

2. 天鹅式

俯卧在训练垫上，双手置于肩部投影位置。两手掌心向下，大臂贴紧身体。前臂贴紧训练垫，收腹挺胸。头部在中正位上，用手臂将身体慢慢向上推起。当腹部肌肉有明显牵拉感时保持。（见图）

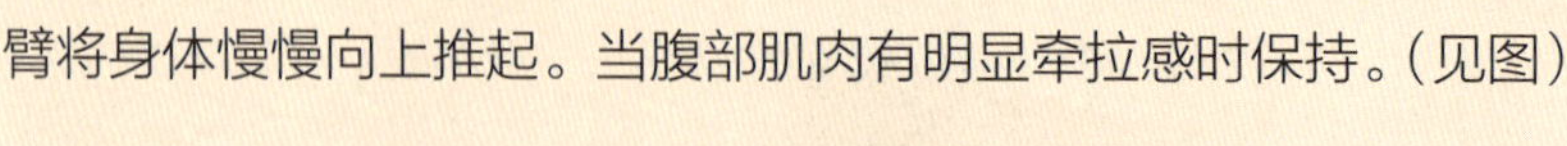

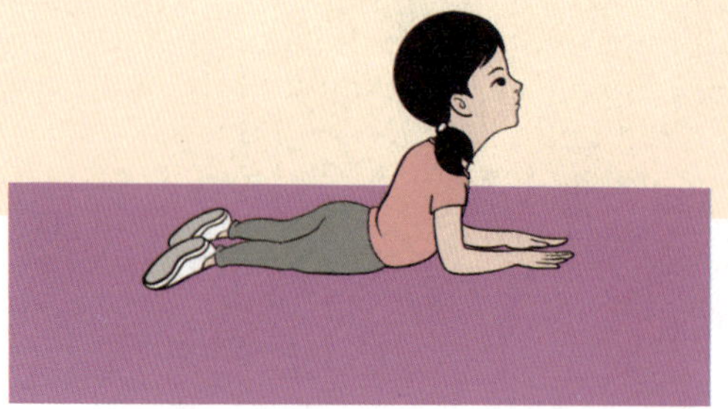

3. 站姿伸髋屈膝

呈站姿，使双脚与髋同宽，站于固定物前，收腹挺胸，头部在中正位上，一只手扶在固定物上，另一只手抓住同侧脚，做出屈膝伸髋的动作，向后向上拉起，当大腿前侧肌肉有明显牵拉感时保持。(见图)

4. 单腿4字坐

坐于训练垫上，被拉伸侧腿前伸，另一侧腿屈膝盘腿。将脚置于被拉伸侧腿的膝关节处，收腹挺胸。头部在中正位上，双手抓住被拉伸腿，慢慢向前俯身。当大腿后侧肌肉有明显牵拉感时停顿。(见图)

5. 分腿坐

坐于训练垫上，双腿分开，双手扶于体前平面上，收腹挺胸。头部在中正位上，俯身双手慢慢向前伸够，当大腿后侧肌肉有明显牵拉感时停顿。(见图)

6. 静态后弓步

呈站姿状，使两脚与髋同宽，将被拉伸侧腿向后跨一步至全脚掌踩实地面，脚尖向前。将双手置于前侧腿的膝关节处，收腹挺胸。头部在中正位上，慢慢向前俯身。当小腿后侧肌肉有明显牵拉感时停顿。(见图)

7. 伸腰舒展

站姿，两脚与髋同宽，全脚掌踩实地面，脚尖向前。将双手置于头顶上方，收腹挺胸。头部在中正位上，慢慢将手臂尽量向上伸展。当背部和肩部肌肉有明显牵拉感时停顿。(见图)

【锻炼频次】每个动作保持静力性拉伸 15 ~ 20 秒（如单侧，应左右交替进行），建议每周 5 ~ 7 次，每次 2 组。

【场地器材】瑜伽垫或地毯、床。

【风险防范】如拉伸时有明显的疼痛，应立刻停止动作。

【建议年龄】3 ~ 6 岁。